アウシュヴィッツのコーヒー

コーヒーが映す総力戦の世界

臼井隆一郎

石風社

はじめに

C-A-F-F-E-E, trink nicht so viel Kaffee!
Nicht für Kinder ist der Türkentrank,
Schwächt die Nerven, macht dich blaß und krank,
Sei doch kein Muselmann, der ihn nicht lassen kann.

C《ツェー》・A《アー》・F《エフ》・F《エフ》・E《エー》・E《エー》。コーヒーばかり飲んじゃダメ！
子供はダメだよ、このトルコ人の飲み物は。
神経を痛め、顔色を悪くし、病気にする。
この飲み物を手放せない回教徒《ムーゼルマン》になっちゃダメ。

はじめてドイツに留学した四十年近く昔のこと、よく「何を研究なされているのですか」と聞かれた。正式に、とは、然るべき機関に申請・登録した研究課題を挙げればワイマール共和国の表現主義文学や社会主義亡命文学となるのであるが、そう答えるのもどこかその場にそぐわなく感じられる場合には、わたしとしてはそれなりに真面目に「コーヒー、コーヒーを研究している」と答える。すると相手は戸惑ったように目を泳がせながらやがて「ツェー・アー・エフ・エフ・エー・エー」とくちずさむ。日本で言えば「静かな湖畔の森の影から」といった感じの、ドイツ人なら誰も知っている輪唱のメロディーである。相手はまさか、わたしがあとから輪唱を追いかけることを期待している風はない。わたしは必ずしも話を断ち切るために答えたのではないのだが、苦笑する他なく、話は一件落着である。

この「コーヒー・カノン」はドイツ人なら誰でも知っている歌であり、日本でもそれなりに有名らしく、わたしの出入りした喫茶店の一つもコーヒー・カノンの名を冠していた。しかしこのかつての名曲、最近ではいくらか無邪気に口にするのが躊躇われる事情があるらしく、手元にあるドイツの児童歌集のどれを覗いても収められていない。理由は想像できる。コーヒーはトルコ人の飲み物という言い方が多少、トルコ人に対して侮蔑感を漂わせていると感じられるのであろう。現代のドイツにはトルコ人も多く住んでいる。うちの子供の通った小学校にも、スナちゃんやオルハン君など、たくさんのトルコ人の子供がいた。人種差別は絶対に禁制の国である。

しかしもう一つ別の、深刻な禁忌がこの歌にはある。「回教徒《ムーゼルマン》」という言い方である。回教徒という言葉がイスラーム原理主義者を思わせるからというのではない。この歌で使われるイスラーム教徒を表すムーゼルマンという言葉が忌まわしい過去を呼び覚まし、「過去の克服」を国是とするドイツの敏感肌を刺激してしまうのである。ナチス・ドイツという忌まわしい過去は絶対に克服されねばならないだろう。わたしもその意向に異議を唱えたいわけではない。ただ、「克服」という言葉が好きになれない。ドイツ語でユーバーヴェルティグング。克服する、無理矢理押さえ込む、押さえつける、抑圧するといった意味がある。過去は無理矢理押さえ込むものなのであろうか。本質という語は、「存在する」の過去分詞形からきていると誰だったか有名な哲学者が言っていた。過去はあたかも無かったかのように、無理矢理ねじ伏せて克服するものではない。過去は正確に記憶され、再発をさせない努力をしてこそ、確かに「克服」されるのではないかと思うのである。

大学入学以来「ドイツ語・ドイツ文学」を自分の専門とし、「メシの種」としてきた人間がドイツの「過去」をほじくり返すのは、自分の巣を汚すようなものと思われるかもしれない。そうではないのである。ドイツの過去を「克服する」という意志を疑うわけではない。しかし、ナチズムという鬼っ子を産み出した母胎は、今なお、社会の基盤に温存されているのではないだろうか。それを考え直したいのである。

ご意向はわかった。しかし、それが、何だってコーヒーなのかと、書名にコーヒーがあるのに惹かれて本書を手に取った読者は憮然として質問したくなられると思う。で、最初から私事にわたって恐縮であるが、むしろそれを直截に述べておく方が話が簡単なので「はじめに」として書かせて戴く。

あれは確か、中学を卒業して高校の入学を待つ春休みのことであった。『罪と罰』や『戦争と平和』など、世界文学の定番とシャーロック・ホームズなどを読み進めるうちに、たまたま推理小説かと思ってロベール・メルルの『死はわが職業』を購入して読んだ。この小説は、ユダヤ人絶滅強制収容所アウシュヴィッツの所長ルドルフ・ヘスの生涯を描いたものだが、その中に、特に印象に残る箇所があった。囚人たちを毒ガス・チクロンBのシャワー室に入れるのであるが、囚人たちが事態の異常に気付いて、暴動を起こさないとも限らない。ヘスはそれを避けるためにSSドクロ隊に「シャワーのあとにはコーヒーを出す」と言わせている。

当時、コーヒーという飲み物を特に美味しいとも思わなかったわたしは、囚人たちを静かに落ち着いてシャワー室に入って行かせるこのコーヒーという飲み物に深い印象を受けた。ある近代的な国家が総力を挙げて、ある民族の人種的絶滅を計る。なぜ、そのようなことがありうるのか。少年の頃に抱いた強い疑問が残った。同時に、それを執行するためになぜコーヒーなのか。以来、コーヒーを飲む人を見ると決まって、ガス室に入って行くユダヤ人囚人を思い出すという奇妙なメカニズムがわたしのなかに条件反射として住み着いてしまった。そのことが高校入学後もドイツという国を耳にする度に、アウシュヴィッツのシャワー室とコーヒーを思い出すということになり、結局、わたしがその後、「わが職業」としてドイツ語教師を選ぶことになったのである。

しかし、ドイツ語・ドイツ文学を職業に選んで、多少ドイツの事情が分かってくるにつれ、疑問に思うようになったのは、アウシュヴィッツにコーヒーなどありえないのではないかということであった。囚人たちは、SSに「あとでコーヒーを出すから、なるべく早くシャワーを済ませるように」と言われて、あのチクロンBがすべてを三〇秒で終わらせる死のシャワー室に入って行くのだが、そのとき、いったいどのようなコーヒーを思い描いていたのだろう。

戦後、強制収容所から救出されたユダヤ人の痩せて衰弱し尽くした姿は衝撃的であった。この人たちはコーヒーを飲み過ぎて「神経を痛め、顔色を悪くし、病気になった」わけではない。アウシュヴィッツの「回教徒《ムーゼルマン》」とは、アウシュヴィッツのカロリーの極端に少ない食事によって、たちまちの内に自己の体力を消耗させて痩せこけた囚人のことである。「回教徒」と呼ばれた囚人は、即、毒ガス・シャワー室送りを免れないのである。この事情が、ドイツにとっては、忌まわしい過去の記憶であり、コーヒー・カノンのそれ自体は美しくも快適なメロディーも霞んでいかざるを得ないのである。

「アウシュヴィッツとは何か」という問題は、「アウシュヴィッツ以後」の現代にとっての難題中の難題で、迂闊に近づける問題ではない。ましてや、コーヒーを飲むとか飲まないとかいう気楽な設定の中で触れるべき問題ではないことは重々承知している。わたし自身は、常日頃どちらかと言えば、「コーヒーさえ飲めれば、世界がどうなろうと構わぬ」と思っている人間である。これは、清岡卓行が第二次世界大戦の末期、「かつてドストエフスキーが窮迫のどん底に呻吟した時『俺に今一杯のコーヒーが飲めたら世界はどうなつても構はぬ』と絶叫した爽快なる響きを懐かしく思い出すものであります」（清岡卓行「千年も遅く」『詩禮傳家』所収）と書いて、特高警察を騒がした文言である。特高警察が騒いだのは、この文言に、総動員法を敷いて総力戦に励ませる日本政府を愚弄するものを覚えたからであろう。わたしが本書で見たいのは、個々人が好き勝手にコーヒーを飲むことを許さない総力戦という、極めてドイツ的な、しかしドイツに限定されない社会体制の進捗である。

戦争が総力戦の段階に入った歴史的時点で、戦時と平時が明快な区別線をもたなくなった。コーヒーを飲みたいという個人的な欲求が国民的欲求となり、それが国民的欲動となって植民地獲得の動きと化し、ついには世界総力戦に入り込む。そうなれば、一杯のコーヒーさえ飲めれば世界などどうなっても構わぬと考えていた人間が、どのような世界に入り込んで苦しむことになるかの典型例をドイツ史が示していると思われるのである。そして、そのドイツを見続けていると、その回りにアラビアやアフリカの国々が蝟集し、ついにはユーラシア大陸を貫いて極東アジアや日本をコーヒー色に染め上げる筈である。

アウシュヴィッツのコーヒー◉目次

第三章　土地なき民

第四章　黒い原点

第五章　総力戦

第八章　極東の総力戦と一杯のコーヒー

第一章　アラベスクな風景

スーフィー

コーヒーの起源にはイスラーム・スーフィズムの影が強い。スーフィズムが殊の外、ヨーロッパ人に愛好されるのは、スーフィズムのもつ哲学的志向と殉教の精神がキリスト教に似た感触を持つためであるかもしれない。スーフィズムを愛したドイツ人の代表例としてゲーテの「死して成れ」（「聖なる憧れ」）が思い出される。ゲーテの『西東詩集』はハーフィズやルーミーなどスーフィズムの詩人に強い共鳴を抱きながら書かれた。しかし本書ではコーヒーとスーフィズムの関係は詳しく述べない。ただ、眠ることへの禁忌があるように思われる初期スーフィズムのなかでも、著名な聖人たちから一人だけハッラージュを重視したい。ゲーテのスーフィズム好みはスーフィズムに汎神論を見たようである。わたしはスーフィズムに幸福な汎神論を見出したいわけではない。今、注目したいのは、スーフィズムの厭世的な禁欲主義である。

徹底した現世否定である。スーフィーの世界は世の外にある。「日常の世界＝昼間の世界」に対して「夜の世界」が頌《たた》えられる。ヘレニズムの世界から占星術とグノーシス派の思想を取り入れたイスラーム神秘主義によれば、宇宙はいつも同じドラマを見せる一定の現象の総和であり、これが人間の感覚で知覚しうる物質的ヴェールを通して、現れては消えていく無常の幻映である。神性、唯一の非人格的思想は人間に精霊《インテリゲンツ》が宿っていてはじめて把握される。しかし精霊は人間の側の努力によって獲得されるものではなく、神より流れ出て人を訪れるのである。しかも精霊の数は一定不変であり、ただ周期的に移り変わっていく。その周期性を天体を媒体に示すのが神の万能の恣意であり、それを読み取る技術が占星術である。かくして星座は本来、物質的ヴェールでありながら、神と人間の合一の契機となるのである。十三世紀の高名なスーフィー詩人ジャラール・ウッディーン・ルーミーはこう歌っている。

眠るな、賓客《まろうど》、わたしの思想よ、今宵は。
　その親しい励ましの言葉に感謝しよう、今宵は。
汝、天使の息吹、天から降り落ちるように、わたしに立ち昇る。
　汝は医者、わたしは病人、今宵は。
まどろみを追い払え、秘密が聖域を出でて
　我らが血に立ち入らんがために、今宵は。
明るく旋回せよ、天上の星たちよ、光明へと
　渦を巻きながら魂が昇らんがために、今宵は。
宝石よ、お前たちの墓所から耀き出でて、

甘美ないさかいとなって星に向かえ、今宵は。
羽ばたき上がれ、我が鷲、太陽に向かって、
そして闇の中でためらうことのないように、今宵は。
ありがたい、皆は眠っている、神とわたしだけが
この仕切られた場に立っている、今宵は。
今宵は太陽のように明るく、やさしく輝く、
我がまなざしが目をそらさないようにと、今宵は。
なんという賑わいが明るい星の広場に目覚めていることだろう、
黄金の、ほっそりとした琴が響く、今宵は。
獅子と雄牛と山羊が、そしてきらきら光る
オリオンの刃が光を競って輝く、今宵は。
蠍と蛇は逃げ、冠が合図を送り、
乙女は美酒で爽やかに元気づける、今宵は。
黙して舌を縛ろう、喜びに酔い、
舌を動かさずに、語れ、思想、今宵は。

（フリードリヒ・リュッカートのドイツ語訳による）

「注意せよ、覚めてあれ、生が無駄に過ぎ去らぬように」（サーディー）や「眠るな」と歌うス

ーフィーたちに限らず、眠ることへの禁忌を帯びた精神基盤のまっただなかで「飲むと眠れないコーヒー」がいかに歓迎されたかは言うまでもないことである。スーフィズムは夜、眠ることへの禁忌があるようである。初期スーフィズムの著名な聖人ハッラージュは晩年の七年間、行動を共にした弟子が言うには、眠ることがほとんどなかったという。

ハッラージュ

フセイン・イブン・マンスール・アル・ハッラージュは西暦八五八年、現在のイランに生まれた。苦悩に身を献げ神との神秘的合一を果たす彼の理論と実践はその後のスーフィズムの隆盛に決定的な影響を与えた。有名な「アナルハク（我こそは真理）」という言葉を述べたハッラージュは、従来、神聖冒すべからずとされていた諸々の掟を無視、超越し、お上にとって黙過し難い存在となった。とりわけ許し難いことは彼が苦悩至上主義の立場から、真に神的な人間はムハンマドではなく、イエスであると主張したことであったという。

その死は伝説的である。伝説的というのは、人びとの心になじみ、人びとの心を捉える信じ難い出来事という意味である。ハッラージュは八年間を牢で過ごし、七ヶ月にわたる裁判の結果、九二二年三月二十六日、バクダッドのチグリス河左岸の牢獄広場で絞首刑に処された。死体は斬首されたのち、火に焙られ、遺骸の灰はチグリス河に流された。その残忍な、しかしイエスの殉教に比較されるハッラージュの殉教はスーフィズムの隆盛に油を注いだ。彼の死はペルシアで詩に歌われ、語り継がれたのである。刑場に引き出されるハッラージュはついにこの世の汚濁を去る喜びに溢れて小躍りしていた。彼から流れ落ちた血が大地の上に大きく「アッラー」の文字を描いたともいう。

別の伝承はこう語る。処刑の日、牢獄のハッラージュにある別のスーフィーが教えを請うて尋ねた。「愛とはなにか」。ハッラージュは答える。「お前はその愛を今日見るだろう、明日もその愛を、その明後日もその愛を見るだろう」と。

この日、ハッラージュは処刑され、その翌日には遺骸が焼かれ、その翌日には、その遺灰がチグリス河に投げ捨てられた。残酷な死に様ではある。しかしこの伝説が伝えるのは、ハッラージュの生と愛と死のすべてである。その後のスーフィズムに甚大な影響を及ぼし続けることになるハッラージュの教えは、次の二行に集約される。

わたしを殺すがよい　おお、我が友よ
なぜなら死の中に我が生はあるから

ハッラージュを特色づけているのは、死後の生という宗教的な観念だけではない。ハッラージュの処刑は異常に陰惨である。公開に鞭打たれ、切り刻まれ、手足を切りおとされた上で、まだ生きている胴体をさらし柱にくくりつけ、最後は苦しみにみちて息絶えた者の残りの四肢を焼き尽くし、灰をチグリスに捨てた。まるで古代ローマの奴隷反乱、スパルタクス団の反乱首謀者バベク、あるいは古代中国の呂太后が戚夫人《せきふじん》にしたような残酷無比の処刑である。ハッラージュもやはりバベクや戚夫人と同じように権力者の深い恨みを買う理由があったのであろうか。それとも、国家を揺るがすような深刻な社会的背景が存在したのであろうか。ハッラージュというスーフィーが、単なる宗教的教義の水準を超え出て、広い民衆の敬虔性において受容される理由がそこにありそうである。

マッカのザムザムの泉

イスラームのワインとして世界市場に登場した商品としてのコーヒーの歴史は、本書では追わない。依然として商品交換社会が本書の大きなテーマであるとしても、その深層を覗き込むために、むしろマッカのザムザムの泉そのものの理解を深めておきたいのである。

ザムザムの泉こそイスラーム教の最も魅力的な眼目である。コーヒーがそもそもアラビア一円に広がっていった時のキャッチフレーズは「黒いザムザムの水」であった。ザムザムの水とはマッカのカアバ神殿にある聖なる泉から採った水のこと。その霊験あらたかな水は人の病気を癒し、それを飲んだ人は地獄に落ちないという。ザムザムの泉の起源に立ち戻って話を進めよう。

いわゆる世界の三大一神教はアブラハムを父祖として持つ。話の大元には、側女《そばめ》を持ったアブラハムがいる。アブラハムとサラの夫婦は何一つ欠ける所ない、幸福な生活を満喫していたというわけではない。大きなものが一つだけ欠けていた。子供がいないのである。サラはアブラハムにエジプト女のハガル（アラビア語ではハジャル）を側女として与える。そうすることでサラも子供を得られるかもしれないというのである。単に他の女性の生んだ子供を引き取ることを意味しているのではないらしい。この時代のカナンの土地には一種の感染呪術があった。側女の生んだ子供を自分の膝の上に抱えると当の本人もやがて妊娠するというのである。

　そして実際に、ハガルはアブラハムの子を宿した。しかし、サラは心中穏やかでない。サラが「つらく当たる」のでハガルは家を出る。神の御使いがハガルを捜し出し、サラのもとに戻り「従順に仕える」ように諭す。神はハガルの「悩み」を聞き届けるからと言うのである。この辺りには、ハガル・ファンには看過できない一連の重要なことが書かれている。その一つ。神（エル）は子供を宿した母ハガルの悩みを放置できずに天使（神の言葉を伝える者）を送っている。神の言葉を伝える大天使の名にはエルの名が刻まれている。ラファエル（神は癒し給う）、ダニエル（神は裁く）、ウリエル（神は光）そしてガブリエル（神の友）。しかしそれらの神の御使いが聖書で初めて登場するのはここにおいてなのである。しかも天使が現れたのは、人間の願いに応じてではなく、神の方からハガルの行方を心配し、「どこから来てどこへ行くのだ」と質問するためである。大天使ガブリエルはハガルにサラのもとに戻るように諭し、アブラハムの子供を生み、その子供にイシュマエルと名付けるようにいう。「イシュマエル」は「神は聞き届ける」という意味である。神は何を聞き届けるのか。

ヘブライ語の聖書が「旧約聖書」としてギリシア語、ラテン語、ドイツ語、その他の近代語に翻訳されていく過程で、本来のヘブライ語のもっている論理性が失われていくのは半ば避けられないことであった。ここで使われている「つらく当たる」「従順に仕える」「悩み」といった単語はヘブライ語ではすべて「抑圧」を意味する語根からできている言葉が使われている。意識的に直訳すれば「サラがハガルを抑圧する」。逃れたハガルに天使が「サラの抑圧の下に身を置く」ように言う。「神はハガルの抑圧を聞き届ける」からである。ヘブライ語の水準では一貫して「抑圧」が問題になっている。しかもその「抑圧」には一定の色彩があるようである。ハガルはエジプト出身の女性奴隷であり、ハガルという名は「よそ者」を意味しているともいう。「よそ者の抑圧」。それをアブラハムの神はよく知っており、放置できないのである。

「ヘブライ」という言葉は「外人傭兵部隊」を思わせる言葉であった。牧羊民であるアブラハムの民は、その移動する土地土地で傭兵としても働くことがあったのであろう。そしてその土地土地の権力者と人びとからは、いつも「よそ者」扱いされ、悩み苦しんでいたに違いない。アブラハムの神はそれを知っている。そしてこの神は、時代をもっと下れば、モーセを指導者に、異国エジプトでよそ者として抑圧に苦しむヘブライの民を荒野に導き出し、「乳と蜜の流れる土地カナン」を目指して導く神でもある。そのような神であれば、よそ者のエジプト女ハガルの苦しみのなんたるかがよく分かっている。神はハガルに優しい。ハガルは神の声を聞くだけではなく、神の顔さえ見ている。破格の特別待遇である。通常、神の顔を盗み見た者は死ななければならないのである。

一方、サラにも子供が生まれる。神が天使を連れてサラとアブラハムの家を訪れ、二人に子供を授けるというのである。九九歳のアブラハムはこの年で子供だなどと明るく笑う。八九歳のサラも同様に明るく笑う。しかし一年後、本当に男の子が生まれた。イサクである。「イサク」とは「彼は明るく笑う」の意味である。

サラに子供が生まれてハガルの立場は危ういものとなる。アブラハムはハガルと子供のイシュマエルにパンと水を持たせて送り出す。荒野をさまよい歩く母子。やがてパンも水も尽きた。ハガルは死にゆくわが子を見続けるに忍びず「矢の届く程」に離れて、うずくまる。イシュマエルが哭《な》く。ハガルも哭く。「ハガルの涙」として有名な、聖書の中でももっとも印象的な場面の一つである。一方に明るく笑うイサク。他方に声を上げて哭くイシュマエル。この対照のどちらに心を動かされるかは人により民族による。いずれにせよ、神はそのどちらの子供も守るのである。イシュマエルの哭く声を「神は聞き届け」、大天使ガブリエルが沙漠の真ん中に黒々と水をたたえた深い井戸を拓く。それがイスラームの伝承ではマッカのザムザムの泉である。

イスラーム世界の最大聖地、マッカのカアバ神殿のザムザムの泉を知らぬイスラーム教徒はいない。一生に一度はマッカ巡礼を果たすことと心得ているイスラーム教徒は、カアバ神殿を廻り、マッカの黒石に触って罪を浄め、ザムザムの水を口に含んで、この水を故郷で待つ病人のために持ち帰ったのである。ちなみに、ザムザムという名称は、ハガルが泉を見つけた時に叫んだ「ザム！　ザム！」に由来すると考えられている。水を瓶に「満たせ！　満たせ！」ということである。

マッカは沙漠にある。沙とは読んで字の如く、水の少ない砂ばかりの土地である。そのような土地で、我が子のために水を求めて彷徨う母子の物語の情は、宗教のいかんにかかわらず、普遍的に理解されるものではないだろうか。ハガルが走り回った場所は、サファーの丘とマルワの丘という小高い岩山の間とされる。この故事にならって、今日でも巡礼者たちはこの二つの丘を往復する行を行う。イスラームの巡礼は、その儀礼の多くをイスラーム以前から継承しているが、この二つの丘をめぐる儀礼も七世紀以前からずっと行われていた。ザムザムの泉はアブラハムとハガルとイシュマエルの話ができるよりも前の太古から聖地として崇められていたのである。

マッカの大虐殺

西暦九三〇年一月十一日のことである。アラビア半島南端のバーレーンの国家的戦闘集団を率いたアブー・ターヒルという若々しい青年が突如マッカの城壁に現れ、入場を要求した。聖域に入ることはすべてのイスラーム教徒に認められている権利である。ターヒルに率いられた一団は大した労もなく町に入り、空前絶後の事態が発生した。世界中から何万もの巡礼者を引き寄せる磁石のような宗教的中心、聖なるマッカがたちまち地獄と化した。ザムザムの水が血で赤く染まり、カアバ神殿には火がかけられ燃え上がり、黒石が奪われた。イスラーム史上に特記される冒瀆の事件である。

篤信のイスラーム教徒にとって許されざる冒瀆事件でありながら、しかし他方では深く神の加護を受けた事件であるともいう。フリードリヒ・リュッカートはこの事件を「黒石」というバラードで歌っている。

カーバの黒石
天から純白で振り落ち
人の世の罪にまみれて
黒ずむ
かつて二十年もの前
巡礼が途絶えた
神が怒りし時
黒石はもちさられた
それはカルマトの人びと
その権力、最高に漲りし時
持ち去りぬ
神の許しを得て

さらにリュッカートは、黒石が返されたのはカルマトの人びとの自発的な申し出によってであったと伝えている。運び去るのに四十頭のラクダでようやく運び出したのが、戻される時にはたった一頭の痩せこけたラクダが軽々と運んできた。そのラクダも功徳で肥えたと。カルマトの人びととはどのような人びとだったのか。バグダッドで残忍な処刑を受けたハッラージュはこの運動と関係があったのではないか。それを深るためには、もうひとつ時代を遡らなければならない。

ザンジの乱

はじめに巨大な奴隷暴動があった。ザンジの乱と呼ばれる黒人奴隷暴動である。ザンジ（ザンジュ）という言葉は、ペルシア語に由来する黒人を意味する言葉である。言葉はペルシア語起源であるとしても、この黒人はどこから来ているのか。文字通りに「黒人《ザンジ》の島《バル》」という地名がある。この地名は本書の展開にとって極めて重要な意味を持つ地名である。プロイセン・ドイツが東アフリカ植民地を形成するに際して、起点となるのがこのザンジバルだからである。ザンジバルはアフリカ古来の有数の奴隷集散地、奴隷市場であった。

奴隷貿易というと、通常、大西洋をまたいだヨーロッパとカリブ海とアフリカ大陸の間に成立した三角貿易を思い、西洋世界の近代化を支えた黒人奴隷の労働力に思いを馳せるのは、間違いではないとしても、しかしやはりヨーロッパ中心主義に立った歴史観であろう。いわば、ヨーロッパ先進諸国がその文明の格差を利用し尽くしてアフリカから黒人を駆り出し搾取したとすれば、イスラーム諸国も文明の進捗度において、はるかにヨーロッパを凌ぐ文明開化を誇っていた国々であることを忘れるわけにはいかないのである。イスラーム世界で、イラクのチグリス・ユーフラテス河の広大でしかも容易に分け入ることのできない沼沢地帯に広がるラティフンディウム（奴隷労働に頼った大農園）で働いているのがこれら東アフリカのバントゥー族の黒人《ザンジ》であった。

ペルシア系のアッバース朝が、チグリス・ユーフラテス河下流を支配するに及んで、その広大で、かつ収益率の低い沼沢地では、アラブ人の貴族が大規模なラティフンディウムを経営することになった。分け入ることすら容易ではない沼沢地にザンジバルから購入された大量の奴隷が投入され、酷使された。奴隷の苛酷な扱いとそれに対する反乱は、ローマのスパルタクス反乱やカリブ海のトゥーサン・ルヴェルチュールに率いられたハイチの反乱など、枚挙に暇がない。その労働の苛酷さは想像を絶している。カリブ海のハイチの奴隷制を研究したアルフレッド・メトローは「アウシュヴィッツがなければ、ヨーロッパ人がアフリカ人にしたことを理解できなかっただろう」と書いている。本書はのちに、アウシュヴィッツに触れるがここではまず黒人奴隷に触れなければならない。

メソポタミア下流の奴隷の仕事は、硝酸を含んだ塩の土層を小舟やロバに積んで運び出し、これはこれで肥料として利用しながら、木綿や砂糖プランテーションの増益を計ることであった。ひとつのプランテーションではおおよそ一万五千人の奴隷が、主として解放奴隷からなる数千の監督者に見張られていた。逃亡奴隷はまず犬によって追われ、食いちぎられる。苛酷な労働や熱病で斃《たお》れれば即座に新たな奴隷によって補充されるのが奴隷労働の常である。

そして西暦八七七年、メソポタミアの下流で奴隷反乱が起きた。これがザンジの乱と呼ばれる無数の黒人奴隷が参加する一大争乱である。八八一年、アッバース朝は国家の威信を掛けて、兵力五万の鎮圧軍を送り出した。これにはたまらず、反乱奴隷軍からも脱走兵が続出し、その数十万に達したといわれる。黒人奴隷反乱軍の兵力の正確な記録が残されているわけではないが、脱走兵の数は全体の三分の一に及んだとされる。ということは、残りの三分の二、二十万が最後まで降服せずに戦って死んだ奴隷の数となる。

ザンジの乱は鎮圧されたとしても、イスラーム世界に大きな影響を与えずにはいなかった。この反乱はアラブ人の間で共鳴者を見出し、いわゆるカルマト派の運動と呼ばれる、その実相が歴史の闇に包まれた謎の運動に繋がるからである。まさにスーフィズムが隆盛を始めた時代、しかもその殉教者聖人ハッラージュが死をもって処断される時代である。

カルマト派は、熱心な宣伝活動を展開して人口の多い都市部で大きな影響力を持つようになり、八九〇年、クーファの東に「砦で固めた逃げ場」という、「無縁的アジール」とでも言うべき根拠地を作った。そこでの生活は、財産の共有、男女平等、構成員が自発的に拠出する寄付金を基に基金を作り、彼らが共にする「愛の食事」とも「楽園のパン」とも呼ばれる共食儀式を有していた。門徒は一旦、入会したならば外部の一切の規制を免除される。この運動をカルマト派の運動と呼ぶが、この運動はたちまちのうちに、シリア、ペルシア、インド方面にまで広がり、八九九年にはアサハに独立国家が建てられるに至ったのである。

九三〇年には聖地マッカがカルマト派の手に落ち、カーバの黒石が持ち去られる。カルマト派はマッカを襲い火をつけた。多くの人びとを殺し、ザムザムの泉を血で赤く染めた。前代未聞の瀆神行為と言われている。しかし、歴史が通例、歴史の勝利者の側から、しかもその金で雇われて権力者の言わせたいことを言うだけの学者や学識経験者によって書かれるものであることを考慮すれば、この事件とその関与者が極悪人として描かれるのも世の常である。とりわけ気になるのはアブー・ターヒルという人物である。

アブー・ターヒルと三人の詐欺師

マッカ聖殿を襲ったバーレーンのカルマト派の首長がアブー・ターヒルである。このターヒルが登場する説話がある。

アブー・ターヒル曰く、三人の手品師が人びとを堕落させた。一人の羊飼い、一人の医者、そしてもう一人はラクダ曳《ひ》き。そしてこのラクダ曳きが最悪の奇術師、最も悪辣な手品師である。これがそれからほぼ百年後にヨーロッパに伝わる「三人の詐欺師」の原形であろう。ユダヤ教とキリスト教とイスラーム教とどれが一番、正しいのであろうか、とそれぞれの一神教が自分こそ一番正しいと主張する限り必然的に生じる問いを転倒させて問う。モーセとイエスとムハンマドと並んだ三人の詐欺師のうち、最悪なのは誰か。十字軍の時代にシチリアのフリードリヒ二世の啓蒙主義的宮廷で愛好され、のちに十字軍を介してヨーロッパに伝わったとされるこの「三人の詐欺師」のトポスは、実のところ、コーヒーとカフェがヨーロッパに伝わったのと経路と時系列を同じくする。しかし、そもそもカルマト派運動の時代のイスラーム世界において、予言者ムハンマドを「最悪の手品師」と見なすような冒瀆の言辞を吐く人間は誰だったのか。

「三人の詐欺師」という言説の設立者として名を挙げられるのが、アブー・バクル・ラーズィー（西暦八五〇年―九二三年）というバグダッドの病院長である。医学に限らず、ヨーロッパのアーリー・モダンにおいて大きな意味を持ったギリシア哲学、音楽等々がすべてイスラーム世界を経由してヨーロッパに入ったことは改めて強調しておかねばならない。とりわけアラビアの医学は、ヒポクラテスに代表されるギリシア医学を摂取し、近代ヨーロッパに伝える役目を果たすのである。

ラーズィーは病院長として歴代の医学書の集大成を行い、その中でエチオピア奥地のカッファという土地から来るブンと呼ばれる奇体なマメの医学的効能に関する記述を行っている。このブンが東アフリカのスワヒリ語でいうコーヒー豆のことであり、このラーズィーはおよそコーヒー豆に関する記述を史上最初に行った人物ということになるのである。ブン（コーヒー豆）は食べると清涼感を与え、頭脳を明晰にするという。そのせいか、ラーズィーの頭脳は度外れて明晰であった。医者、哲学者、物理学者、音楽学者かつ、錬金術師でもあったという万能型の賢者である。しかし、それは多少見方を変えると、異端者の相貌でもある。

ラーズィーの哲学的立場はデモクリトス、エピキュロスの唯物論であった。ラーズィーの自家用神話とでもいうものが伝えられている。ある時、世界霊魂が物質《マテリア》に合一を言い寄った。しかし物質は結合を拒み、両者は合一できない。それを哀れに思った神は、真理に到達できる能力を与えて人間を創造したというのである。門外不出の自家用神話であるとは言え、出るとこに出れば異端の誹りは免れない神話である。事実、ラーズィーは「大異端者」の名で知られている。

ラーズィーの主張するところでは、人間は生来平等であり、預言者と称する人間が精神的、知的優越を誇る筋合いのものではない。諸宗教の教義は唯一なる真理に背理している。なぜならそれら宗教は相互に相矛盾している。どうでもよい慣習だけが宗教指導者への信頼を培う。宗教が唯一、人間を戦争に追いやる原因であると言うのである。ラーズィーの著作はカルマト派の間でよく読まれたという。事実、ラーズィーには「三人の詐欺師」を思わせる著作『モーセ、イエス・キリスト、ムハンマド。世界の三人の詐欺師に関する小便覧』という異端的文書があり、これが多くの写本として世に広まり、これがマッカ聖殿を打ち毀し、ザムザムの水を血で汚したアブー・ターヒルの説話のもとになっているというのである。ラーズィーの周辺には「大異端者」と見なされるに十分な根拠が山積しているが、ラーズィーの最期は不明で、自決に追い込まれて死んだとされている。没年九二二年で、奇しくもハッラージュの処刑と同じ年である。

ラーズィーとハッラージュ

そのラーズィーのもとにハッラージュが滞在していたという言い伝えがある。われわれは改めてハッラージュというイスラーム・スーフィズムの歴史に名高いスーフィーに向かわなくてはならない。

問題の核心の所在を告げているのは、ハッラージュという名である。フセイン・イブン・マンスールという人物はなぜハッラージュという名で呼ばれるのか。ハッラージュとは木綿梳《す》きを職とする人のことである。ハッラージュがいったい何をこの世の悪として嫌悪し、権力に挑み、なぜ処刑されてチグリス河に散ったのか。その壮絶な生と死にはこの木綿に関わる職業が関係していると考えられるのである。

ハッラージュは八六七、八年にイランの田舎ファルスに生まれ、アッバース朝が駐屯地を置いた町ワシトで青少年期を送った。ワシトは木綿プランテーションの真ん中に位置する、繊維産業の中心地で、この神秘主義者の育った生活環境が社会下層、つまり手工業者と日雇い労働者の環境であることを示している。ハッラージュは黒人奴隷、ザンジの反乱を身近に体験する観察者であった。この反乱は数十年の間に南イラクの支配者を引きちぎり、短期間であったにしても、ワシトを制圧していたのである。

十六歳になるかならぬかでハッラージュはサハル・アットゥスハリの神秘主義の門下に加わり、バスラに赴く。ここで二番目の師アムル・イブン・オトマル・アルマキを見出し、一年半滞在、ここでその娘と結婚した。

アルマキが訪ねてきたハッラージュに「誰か」と誰何したときのことである。まだ若いハッラージュは平然と「アナル・ハック（わたしは真理である）」と答えたのである。傲慢の誹《そし》りは免れまい。しかしそれはハッラージュのスーフィズムの真髄を示す言葉ともなるのである。神人同一の神秘主義である。「わたしは真理である」と言うのが神でないとしたら、果たして誰が口にできる言葉であろうか。

ハッラージュはこの家庭的軛轢をあとにしてバグダッドに赴き、この地でこの時代最大の神秘主義者ジュナイド・イブン・ムハンマドのサークルに加わる。このジュナイドは、陶酔型のスーフィズムに批判的で、むしろ節度ある共同生活を念頭においたスーフィー教団の設立者と言われる。ハッラージュとは少し異質であるかもしれない。ハッラージュはマッカ巡礼に出かけ、一年を極端な禁欲生活のうちに過ごし、バグダッドに戻る。ハッラージュは自己の行くべき道を見出したようである。師のジュナイドとは異なる説を唱え始めた。愛娘の結婚に異を唱えた二番目の師匠も彼に対する誹謗を強めた。ハッラージュはスーフィーの羊毛の白い衣服を脱ぎ捨て、貧者の衣服に袖を通し、普通の人間と交わり始めた。教団所属の僧侶から民衆を説教する者となったのである。それから五年の間、彼は世界を旅する。ウズベキスタン、ブハラ、サマルカンド、シジスタン（今日のアフガニスタン）そしてチグリス・ユーフラテス地帯に戻り、人びとの耳に訴えかけることのできる、伝説的な神秘主義者となった。

ハッラージュに関わる一切が異常である。スーフィーとは、羊毛を纏う者であった。しかしハッラージュは木綿のボロ布を纏うのを常にしていた。木綿という語に注意したい。ハッラージュとは「木綿を梳く者」である。ハッラージュの背後には、木綿を摘み、木綿を梳き、木綿糸を撚り合わせる職人の世界が感じられる。木綿栽培は古来、プランテーションの奴隷労働である。ハッラージュの陰惨を極めた異常な処刑の背後には、この奴隷反乱の存在が感じられるのである。

バスラからまた神秘主義者の衣服を着て二度目のマッカ巡礼の旅。今度はしかし四〇〇人の弟子を従えてである。高貴な人びとをバグダッドに連れ帰り、また遠い旅に出る。西インドからパキスタン、カシミール、絹の道を行くキャラバンと共に、中央アジアのトゥルファンまで行く。数年後、アッバース朝の都に帰った時、彼の知名度は頂点に達していた。バグダッドの当局も伝統的正統教団も彼を不審の目で見始める。カリフの都がカルマト派の襲撃に抗している間、ハッラージュをイスマイル派やその他が支配している敵の国に駆りたてたものはなんなのか。彼は三度目のマッカ巡礼に旅立った。それは法令遵守の覆いを被った聖なるマッカへの闘争である。マッカはこの二年後、カルマト派の軍門に下るのだ。ハッラージュはこの地で次策を入念に練り上げたと見える。九〇八年彼はバグダッドに戻り、土地を買い、学校を作った。そこに多くの弟子と支援者が集まった。

イスラーム・スーフィズムに深く刻印を押したハッラージュ。多くの人びとは彼の直裁さに恐れをなして距離を取って彼の処刑を正当なものと見なす。なぜなら彼はスーフィーの掟を神秘の秘密を自分のうちに留めねばならないという掟を公に教え話すことで、傷つけたからである。他の人びとは彼の発言を引用することで満足するのだが、その原起草者を名指しすることをしない。この世の権力を一切、ものともしないハッラージュの活動が始まったのである。

このハッラージュは、ラーズィーに出会っていると伝えられている。我の強い二人の知性人が我を張ってケンカ別れする図は考えられない。二人の間には、共通する要素はある。ラーズィーもハッラージュも世俗の宗教的権威を無視し、軽蔑するという心構えにおいて同じなのである。二人がコーヒー豆《ブン》をつまみながら楽しく語り合ったであろうと考えるのは楽しい想像である。そしてハッラージュが処刑されて河に流されたとしても、また、アル・ラーズィーの最期にはなにか悲劇の雰囲気が漂っているとしてもである。ハッラージュの凄惨な最期については繰り返さない。凄惨な最期と悲しむのはわれわれ凡庸の徒の凡庸すぎる反応なのかもしれない。喜びに満ちた死と愛と神の合一の具現。刑場に引き立てられたハッラージュは、ついに死んで神と合一する喜びに溢れて小踊りしていたという。いかなる宗教的権威にも屈せずに死後の生と神との合一を心に決めた人間らしい死に様である。ハッラージュの教えをペルシャのスーフィズム詩人ハーフィズ経由で『西東詩集』に取り入れたのはゲーテである。ゲーテの「聖なる憧れ」にはこうある。

この死して成れを理解せぬ限りは
お前はこの暗い地上の濁った過客にすぎぬ。

「死して成れ」の深遠な意味を理解するのは、われわれの宿題としてハッラージュの世界を離れよう。

プロイセンの方へ

おおよそ以上で、本書を繰り広げるための背後風景は見渡した。これからは大急ぎで本書の舞台回しにしたいドイツ・プロイセンの方に進路を取りたいのだが、われわれの向かう方向のために特記したいのは、前述のカルマト派の運動からファーティマ朝が創設されたことである。チュニジアにファーティマ朝が開かれ、アッバース朝に対抗してカリフを名乗り、イスラーム全土のカルマト派と連携を取りながら、勢力を拡張し、九六九年にはエジプトを占領、九七三年にはカイロに遷都した。

このファーティマ朝に一人の英傑が登場する。サラーフッディーン、ヨーロッパ経由でサラディンとして知られるイスラーム騎士の鑑である。サラーフッディーンはファーティマ朝のワジール（大臣）を勤める家柄であったが、軍事と政治を兼ねてファーティマ朝の重鎮となり、ファーティマ朝に代わって新王朝、アイユーブ朝を、カイロを首都に開く。

その英傑振りをヨーロッパに伝えたのは、第三回十字軍である。キリスト教ヨーロッパの最大の敵手でありながら、その慈愛、寛容、徳行、人間愛、公正さによってヨーロッパの中世叙事詩が騎士の鑑と讃え、ダンテの『神曲』ではその善良な魂が讃えられ、同じ地獄でも高貴な城ともいうべき辺獄《リンボ》を与えられている。サラディン（サラーフッディーン）についての伝承は彼のおよそ王らしからぬ清楚な生活振りを伝えている。「驕慢と柔弱を嫌い、いつも質素な衣服を身にまとい、粗末な食事で済ます。彼の天幕はすべてある天幕の中でも最も見劣りするものであった」。「彼は一種の勉学を愛し、これは実利を生むものではないが、敬虔なイスラーム教徒のもとでは非常に高く評価されるものである」。つまり彼はあらゆるイスラーム教の伝統、コーランの解釈、注釈の多様な意味、学派による意見の相違を学ぶことに喜びを見いだしていた。つまり、イスラーム各学派の司祭や詩人、そしてスーフィーと語らうことに喜びを見出していたのである。

サラディンが登場するドイツ啓蒙主義の名作がレッシングの『賢者ナータン』である。『賢者ナータン』にはドイツ文学としては唯一的な例外として、スーフィー、アル・ハーフィーが登場する。政治の中枢イェルサレムで、サラディンの宮廷で働くことはスーフィーには耐えがたいことである。サラディンとナータンの下を去ってガンジスを目指して出発するアル・ハーフィーは、いかにもスーフィーらしく言う。

「自分自身に忠実に生きようとする決心が即座にできないような者は、永遠に他者の奴隷を生きるのだ」

サラディンの許を去り、一介の乞食坊主としてガンジスの彼方に旅立つアル・ハーフィーを見送りながらユダヤの賢者ナータンは言う。

「荒々しく善良で高貴な男よ。ああいう男を何と呼べば良いものか。真の乞食こそ唯一無二、真の王ではなかろうか」（二幕九場）

サラディンは一一八七年、エルサレムもキリスト教徒の手から奪還した。しかし例えばイスタンブール（コンスタンチノープル）を攻め落としたキリスト教徒があらん限りの略奪行為を行ったのとはまさに対照的に、サラディンはイスラームの兵士に、ユダヤ人とキリスト教徒の住民に指一本手出しすることを禁じた。サラディンは戦闘における完璧な勝利にもかかわらず、キリスト教徒にエルサレム巡礼を保障した。そしてこの保障はサラディンの死後、イスラームの様々な王朝が来ては去る一千年紀を経てなお、オスマン・トルコ帝国が勃興しては消え、第二次世界大戦がエルサレムをイギリスの手で国連統治領とし、さらに二十一世紀の現代に至る一千年紀を経た現代に至るまで、その掟の効力を保持しているのである。

さて、サラディンに対抗し、ひたすらサラディンの引き立て役を演じた第三回十字軍はキリスト教世界にも騎士道精神と宗教的禁欲精神とのあらたな結合を産み出した。

その一つが一一九〇年、小アジアのアッコンで誕生したドイツ騎士団である。最初の目的はキリスト教のエルサレム巡礼者の安全確保であったが、戦争が終わるとその功績を買われて、ヨーロッパの北辺、バルト海の奥底の雪深い土地に入植する権利を与えられ、ヨーロッパ北辺の厳寒の土地に入植し、実にその二百年後、公国を築き上げる。プロイセン公国である。

アラベスクな風景を大急ぎで走り抜けた。そのゴールはプロイセン・ドイツである。ドイツ・プロイセンのこれから辿る道筋、とりわけ二十世紀に入ってからのドイツ・プロイセンの振る舞いは本章で概観したアラベスクな風景に対する多少の馴染みを必要とするからである。ヨーロッパ北辺の小国プロイセンが、世界政治を掲げて大英帝国とロシア帝国が勢力を競い合う世界に割って入る最初の象徴的行為は、皇帝ヴィルヘルム二世がバグダードのサラディンの墓を詣でることであった。しかしこの墓詣では——先廻りして結果から言えば——ドイツ・プロイセン自身を葬る墓場に通じていたのである。

第二章　医学と音楽と文学の国

ブナ・カルー

およそコーヒーの歴史を、しかもドイツとの関わりで語ろうとする時、最初に重大な問題がある。そもそもコーヒーという言葉はどこで生まれたのか。筆者は、コーヒーの語源をイスラーム・スーフィズムの「カフワ」に求めた。スーフィズムの敬重するワインの位置をコーヒーが奪い取り、酒精を含んだカフワ（ワイン）から酒精を含まないカフワ（コーヒー）へと移ったと考えたのである。しかしカフワ kahwa の h が、coffee（独 Kaffee）の f に変わると考えるのは少し無理があるように思え、釈然としない。h と f とでは、発音に用いる部位が喉の奥と唇とで明らかに違うのである。細部に拘るようであるが、本書は、先々これが大きな問題として展開するのを予想するので、コーヒーの起源に別の可能性、つまり f の音のでてくる土地を意識しておきたい。それは、コーヒーの木の起源をアフリカのカッファ Kaffer に求めるものである。エチオピアの奥地にカッファと総称される土地が広がる。カッファという言葉には「貧しい農民」という語感があり「非イスラーム教徒」の意味もあるという。その意味を探るのはのちの課題としたい。コーヒー豆は、前章で見たラーズィーの時代には、薬剤としてこの土地から搬出されていたのである。

コーヒーという飲み物が、紅海を挟んでエチオピアに向かい合うアラビア半島の「幸福なアラビア」(ウェルギリウス『牧歌』)イエメンで出現する以前、コーヒー豆はアフリカでどのように食べられ、ないしは飲まれていたかを探る努力がなされるのははるかに時代を下ってからのことである。二十世紀に入って、ドイツ、ベルリン大学のヨーゼフ・コーラーという著名な比較法学者(憲法学者)が東アフリカのコーヒー豆(ブナ)を使ったバントゥー族の義兄弟の契りの儀式を報告している。

ひとつの莢《さや》から取ったコーヒー豆を二人で取り、相手の腹に切り傷を作り、血を流し、コーヒー豆をその血に浸して食べあうのである。出産のまね(擬産)を経て、兄弟《はらから》(同胞)の誕生を象徴する血の強調された儀式である。二つの豆を収めるコーヒーの莢が象徴的に母胎と見なされているのである。ちなみに豆類に特殊な神性を与えるオルフェウス教などを先史母権制の名残りとして論じたのはバッハオーフェンの『母権論』である。

ブナ・カルー(屠殺されたコーヒー豆)という儀式がある。エチオピアとケニアとにまたがって住み、家畜で生計を立てているボラナという部族がコーヒーを使ったこの「異常に儀式ばった」共食儀式を保存している。コーヒーの果実を豆の入ったまま乾燥させ、先端を「まるで動物を屠るように」喰いちぎる。客人がみんなですべての果実を喰いちぎると、それをその家の母御が鉄製の深鍋でバターにまぶし、黒々となるまで炒める。炒めあがったら沸きたつバターにミルクを加え、ミルクの上にバターと共に黒い豆の浮かぶ料理をそれぞれ木の皿にとる。そして主人ないし最長老の男が料理と同席者に祝福を与え、バターを自分の額と腕に塗るのを待つ。バターをいっぱいに吸ったブナは噛みたばこのように歯の裏において、何時間も吸い続けるという儀式である。

ブナ・カルーの儀式は、村人こぞって参加する大がかりな行事で、通常昼間に行われるとしても夜に挙行されることもあった。夜に挙行されれば、死者たちも参加する。これは生者と未来を担う子供たちと死者たちの参加する共同体の祭なのである。毎日行われる儀式ではない。共同体の安寧を願って特殊に祈りや犠牲を献げる行事である。

一人の女性がブナの準備をしている間、他の女性たちは子供たちが男たちの語る昔話をしっかり聞くように注意する。なぜブナを食べる（飲むのではない）のかと問えば、それが昔からの村の伝統であり、神がブナを愛でており、ブナを食べることで神の加護を受けることができるからという答えが戻ってくる。ブナを一緒に食する人びとや動物には平和が訪れるというのである。式のけじめに村長《むらおさ》が数滴のブナ料理を大地に垂らして戻し、祈りを献げる。

人びとが健やかに暮らせますように
世界に平和が続きますように

ブナ・カルーの儀式が太古エジプト的な儀式であることは疑いあるまい。擬産や屠殺という観念は、大地を太母とみなす母権的宗教観念である。母権的象徴論は豆類の莢を母胎と見なすが、母胎を「屠殺」するという意識こそ、ヒトの宗教観念の発生点である。ヒトは自然や動物を殺さずには生きていけない。コーヒー豆を殺して大地に献げる儀式で始まるコーヒーの世界史はどのような経路を辿って出発点の大地に戻るのであろうか。

ラウヴォルフ

コーヒーに関する史上初の記述が、本書が特別の注意を払ったカルマト運動の時代のバグダッドの病院長ラーズィーによってなされていたとすれば、ヨーロッパ人でコーヒーに関する最初の記載を行ったのも、ラーズィーの医学に引き寄せられ中東に向かったドイツ人の医者であった。十六世紀、ヨーロッパが三十年戦争の真っ只中にある時代である。

アウグスブルクのレオンハルト・ラウヴォルフは医師かつ植物学者であった。ラウヴォルフは、アヴィセンナやラーズィーなどのアラビア医学を学んだのち、オリエントに遊学の旅に出た。一五七三年のことである。彼の主要目的は医学的に重要な有用植物の採集であった。そして彼の集めた有用植物が、バナナ、サトウキビ、ナツメヤシ、なかんずく、ラーズィーの記載しているブナ（コーヒー豆）の木である。ドイツという国は当時、まだ三十年戦争の余波を受けて復興が進まず、オランダやイギリスに比較すれば、著しく貧しい国である。そのため、国を挙げて海外の有用植物を探し求めていたのである。現在のアウグスブルクには彼を頌えてラウヴォルフ通りがある。彼の持ち帰った植物はオランダのライデン大学に保管されている。

オレアーリウス

一四五三年、コンスタンチノープルがオスマン帝国に征服されると、元来レヴァント（東地中海）の経路を通ってやってきていた東南アジアの産物、とくに香料の交易がヨーロッパの国々には閉ざされた。中世時代の二大商業地域である地中海とバルト海を結ぶ、ヴェネチアを起点としてアルプスを越えてヨーロッパの各地域を結ぶ行路に栄えていたドイツの商業は大打撃を被った。一五九二年、アフリカ南端を通過する航路を拓いて幕を切って落とした大航海時代もさしあたりオランダ、ついでスペイン、イギリスの交易独占をもたらしただけで、これらの国々以外は交易に直接関与することができなくなり、かつての商業都市の存在価値は低落の一途を辿った。

中世ヨーロッパの二大交易地帯である東地中海とハンザ同盟都市群の散在する北海とを結ぶ交通路に栄えたドイツの商業都市は没落の危機に瀕していた。「ドイツは東方を必要としている」と明快に宣言するのは『我が闘争』のアドルフ・ヒトラーであるが、しかしヒトラーのはるか以前から、ドイツは東方を必要としていた。ドイツの商人は東方貿易の窮状に対して打開策を打ち出さなければならない。ドイツ人商人の欲するのは、東南アジアの香辛料である。しかしドイツには大航海時代にふさわしい艦隊はない。しかも海に出ようにも、そこはデンマークのユトランド半島がドイツの海というべきバルト海を押さえ込んでおり、その先にはまずオランダが、さらにはやがて世界の海を制覇するであろう大英帝国が控えて、ドイツは身動きできない状態なのである。

そもそも大航海時代の到来する以前、海の道が未開通であったからこそ、東南アジアの産物はアラビア商人と東地中海を制覇するイタリア商人の手を経て、ヴェネチアに入り、アルプスを越え、ヨーロッパ各地の都市に流通していったのであり、地中海とバルト海という中世期のヨーロッパの二大経済圏を結び合わせる道路沿いに栄えたのがドイツの都市群であった。しかしこの要衝中の要衝と言うべき、ヨーロッパとアジアをほんの短い海峡で結び合わせるボスポラス海峡がオスマン帝国の手に落ちたのである。遠い世界の出来事に見える。しかし、ドイツの喉元に手が回ったというべき事態である。

三十年戦争という生みの苦しみの中で始まるドイツ近代史であるが、長い年月をかけてドイツ統一に漕ぎ着くドイツ語圏の弱小の国々が当面、海路をオランダ、イギリスに押さえられ、陸路はオスマン帝国に押えられて完全な八方塞がりの中、あとは悶絶するだけであろうと想像する人は決してその後のドイツの歴史を想像できないだろう。まさにそのような地政学の基本条件の中から、ドイツの行くべき道を探し当てることによってドイツの特殊な道が開かれてくるからである。

どうにかしてほしい、とドイツ語圏の各都市の商人はそれぞれの領主に訴えた筈である。だがそう言われてすぐにドイツの領主たちにどうにかできるというものではないのが、世界史的変動である。しかし、ここに特異な条件を有する小さな公国があった。デンマークと接するシュレースヴィヒ＝ホルシュタイン・ゴットルプという公国である。この国の大公フリードリヒ三世は、ロシア皇帝ミヒァイル・ヒョードロヴィチと姻戚関係にあった。このツテを頼りにロマノフ王朝の援助を得られるならば、ドイツ北辺の小国家なりといえども、遠いペルシアと貿易を介して、東南アジアの産物の交易に参加できるかもしれないのである。

ドイツの活路は、ドイツから一旦、東のロシアに向かい、オスマン・トルコ帝国を大きく迂回して、カスピ海から直接サファヴィー朝ペルシアの帝都イスファハンに使節団を派遣して、東南アジアの産物の交易を取り持ってもらうことで開けてくるはずである。

使節団はまずはモスクワに向かうべく、トラヴェミュンデをいさましく出港した。一六三五年十月二十二日のことである。いさましく出港したものの、船は三週間もしない十一月九日、嵐に遭って難破した。ドイツがオランダやイギリスを相手に海上覇権を争うなど、夢物語であることがよくわかる。しかし、命からがら救助された派遣団はそれでも陸路には強く、ペルシアに行き着くことができたのである。

この遠征の秘書官にアダム・オレアーリウスという、後に人文主義の有名な学者となる若者が加わっていた。彼は遠征の記録を分厚い『新オリエント旅行記』にまとめ、一六四七年に出版した。この本が当時にしては珍しく、ラテン語ではなく、ドイツ語で書かれていたこともあり、本は大好評を博し、生前に四版を数えるほどの異例の売れ行きを示したのである。しかしそこに微妙な記載があった。

オレアーリウスが土地の人々の飲む「カフワ」という飲物に強い関心を引かれ、事細かに記載していたのも不思議はない。当時ヨーロッパでは黒い色をして、しかも熱い非アルコール飲物など想像もできなかったのである。オレアーリウスは物事を深く追求する文系タイプの若者であった。ある時、彼が宮殿で窓際にたたずんで外を見ていると、中庭に集まった兵士たちがさかりのついた騸馬《かんば》を去勢しようとしていた。そこにたまたま皇帝の妃が通りかかり、中庭の様子を眺めながらのたまわったというのである。「あんなことをしなくても、陛下のようにたっぷりとカフワを飲ませれば良いものを」。

オレアーリウスは、この謎めいた発言の根底に潜む真理を追求する努力を厭うような若者ではなかった。人々に聞いてまわった調査結果は、「カフワを過度に摂取すると、肉欲が根絶やしにされる」という恐るべき噂とその背後に潜む可能性であった。

オレアーリウスの本が大好評を博したといっても、当面、コーヒーとは全く関係がない。ドイツ人にはまだカフワなど、見たことも聞いたこともない代物なのである。問題はむしろこの本がフランス語や英語に翻訳されたことである。ロンドンやマルセイユといった、すでにコーヒーが出回り始めている都市の住民には気掛かりな話題である。ロンドンの様子を見てみよう。

ロンドンとマルセイユ

近代のヨーロッパに新たに入ったオリエント伝来の飲料のうち、いち早くコーヒーがロンドンの男性に愛飲され、コーヒー・ハウスという新種の公共的制度が一般に広がり始めた時、ロンドンの女性たちはこのコーヒーとか呼ばれる「煮立てた煤」が女性に及ぼす災厄を憂い、断固として公共の思慮に訴え出た。一六七四年に出版された『女性の請願』には単刀直入にこうある。「コーヒーは男という男を不毛にし、インポにする」。

「煮立てた煤」が「男をインポにする」という主張は、コーヒー・ハウスに入り浸って生業をないがしろにする夫たちに腹を立てた女性たちが、なりふり構わずデッチ上げた嘘というわけではない。当時のヨーロッパではかなり広範に信じられていた事柄なのである。ただロンドンの事の成り行きは異常であった。マルセイユと比較してみよう。

当時、マルセイユにもちらほらとカフェが建ち始めていた。しかし事の推移はロンドンとは全く対照的であった。近所の居酒屋のオーナーたちはカフェを将来の商売仇と見て取り、地場産業のワイン業界はこの新参の余所者に敵意を抱き、医学に携わる人々もコーヒーを病理学的に怪しいと睨んだ。コーヒーの是か非かを巡って、マルセイユの市庁舎の大ホールで公開シンポジウムが開催されたのが一六七九年二月二十七日。果敢にもコーヒー・インポ原因説をテーゼに掲げて、コーヒーがマルセイユ住民にとって有害であることを力説したのは若い医師のコロンブ某氏である。

コロンブ氏は、コーヒーが「幸福なアラビア（イエメン）」から来ており、その豆がかの地で「ボン」と呼ばれているからといって、「幸福でボン（良い）」だと思いこむ異文化理解の陥りやすい言葉の詐術に修辞豊かに警告を発しながら、冷徹な医学者の眼差しをコーヒーに向け、「コーヒーに多く含まれている一度焼かれた灰は脳を冒し、夜通し眠れない原因となり、この不眠はしばしば極めて頑固であるために精力の回復のために必要な力の源である神経液を完全に欠乏させ、神経を弛緩させ、ついには無気力とインポテンツの原因となる」と言うのである。

マルセイユといえば紀元前六世紀、ギリシアのフォカイア市の植民地として建設されマッサリアと命名されて以来、西地中海に君臨する名門都市である。今でこそオランダとイギリスを相手に一歩も後には引かぬ商戦を繰り広げているものの、もとはといえばギリシア人と土地者の結婚から始まって、イタリア人、恐らくはハンニバルに連れて来られたアフリカ人、果ては北方のケルト人とガリア人と、混血につぐ混血の果てに栄え続ける港湾都市であっただけに、住民が無気力とインポテンツに侵されてしまっては万事休すである。マルセイユはコーヒーに神経を尖らせた。それが、コーヒー文化という新モード発祥の地の名誉を北方のパリに奪われるという不名誉に通じたのみならず、パリを中心に高まる需要に対して、供給が遅れをとるという商都マルセイユにあるまじき失態にも通じるのである。

ロンドン女性の奮闘

さて、マルセイユの事例を見れば不思議なのはむしろロンドンの女性が孤立したことである。彼女たちは支援を期待した方面のすべての男性から裏切られた。国家はなるほど一旦は翌年、コーヒー・ハウス閉鎖を宣言した。しかし結局は租税国家の弱み、一ガロンにつき四ペンスの消費税と年間一二ペンスの営業税の魅力の前に再開を許可した。居酒屋も実にふがいなかった。スコッチ・ウィスキーの伝統も忘れて、流行の兆しにみずからも負けじと先を争ってコーヒー・ハウスに鞍替えしてしまった。さらに許し難いのは医者たちである。コーヒーの予想させる恐るべき副作用を無視し、コーヒーは血液循環に良く、目カタルにも、気塞ぎにも、はては微弱陣痛にも効くなどと言い出す始末。しかもあろうことか、オックスフォードのコーヒー・ハウスにたむろする王立科学院の若い英才たちはコーヒーを新時代の飲料だと宣伝している。

女性は四面楚歌であった。いったいかつて英国の誇りであったあの女性を深く愛し、力強く庇護した逞しい男たちはどこに消え去ってしまったのか。最近の男ドモときた日には、ビジネスと称してコーヒー・ハウスを渡り歩き、やれ新企画だ、やれ情報交換だとはしゃいでいる。生産活動でせわしなく働くことを「インドゥストリア」と呼んだローマの昔から、この種の刻苦精励は奴隷道徳としてはともあれ、まともな自由民の美徳であったためしはない。

しかもコーヒー・ハウスに出入りしているのはビジネス・マンばかりではない。女性にとって我慢ならなかったのは、そこには古来定評のある職業婦人も多く進出して、ビジネスを行っていることであった。コーヒー・ハウスの表に掛けられた瀟洒な角灯になにやら呪能の籠められた手が描かれていれば、それは売春を兼ねているしるしであった。コーヒー・ハウスには特別室があり、後にはそれぞれの国でそれぞれの利用者の便宜を計る工夫が加えられた。例えば用向きに応じて入り口を変えるなどである。以来カフェと売春の縁は深く、二十世紀に入っても売春取締りを目的とする風俗取締法に反対するデモ隊には、カフェのオーナーたちも沿道の物陰から支援の熱い眼差しを送るのが常であった。ロンドンのコーヒー・ハウスの草創期には、売春カフェの一介の小娘から一躍チャールズ二世の愛妾に昇りつめたネル・グウィンの立身出世譚が残されている。

ロンドンの女性たちがコーヒーとコーヒー・ハウスに心身相関的な嫌悪を抱いたこと、これには寸分の疑いもない。トロイアの地母神であり、豊穰と多産の女神であるアフロディーテーに加護を祈り、コーヒーの女性にもたらす災厄を公共の思慮に訴えた彼女たちは、破滅の予言を聞き届けられないカッサンドラに似ていた。似てはいたがしかしロンドンの女性は、神に呪われて口のきけぬカッサンドラではない。彼女たちはピューリタニズムの精神の祝福を受け、物事を綿密に考慮し、主張すべきは主張し、尻に敷くべきは尻に敷くべく、ゆっくり時間を掛けて事態の打開を計ることのできる近代の女性であった。カッサンドラの昔から、女性の支配する領域は竈《かまど》の領域である。ローマのウェスタ神殿や日本の昔を思い出すまでもなく、竈の火を代々伝え、家政を司り、料理に腕を振るうというのが女性の本領であった。ロンドンの女性たちは新たな近代市民社会の中で古来のアイデンティティーの再編を計ったのである。

家庭料理の充実が切り札であった。コーヒーは絶対に許せない。だからと言って、夫たちがコーヒー以前のアルコール浸りに舞い戻ることも許せない。この空隙に浸透したのが紅茶であった。一六五〇年から一七〇〇年まで、イギリスの輸入した紅茶量は一八万一五四五ポンドでしかなかった。それが十八世紀の前半世紀には四千万ポンドに跳ね上がったのである。

むろん裏には巨大資本の手が動いている。東インド会社である。本来、商人と言えば何かを売って歩く人を思う。東インド会社といえどもそれが商人の集まりである以上、イギリスの商品を東インドで売るつもりであったに違いない。物はイギリス伝統のウール製品である。ところが、インドは北国のイギリス人の予想を越えてはるかに熱い国なのである。ウールを売る売ると力んでみてもちっとも売れない。会社は発想の転換を強いられる。むこうで買った物をこちらで売ることにするのである。香辛料はいい。昔からやっていたからである。問題は紅茶である。その飲用はまだコーヒーほど定着してはいない。会社はその商売繁盛のためにはまず消費欲望を生産しなければならないという商業資本主義の根本問題に縫着したのである。もしイギリスの家庭が、紅茶を飲み、ビスケットを食べ、その両方にアジア産のシナモンでも入れてくれればこれはもう万々歳である。

イギリスの家庭の動きはこれに呼応していた。イギリスはヨーロッパでいち早く個人主義を発達させた国である。経済的個人主義の発達はプライベートな領域にも浸透し始めていた。昔の人は男があまりに家庭的であることをイディオート（ギリシア語では「家庭的」の意味が、ドイツ語やロシア語では「白痴的」となる）と言っていやしんだものだ。しかし時代は変わったのだ。もしかしたら個人の幸福は、情愛に満ちた家庭において最も円滑に達成されるのではないだろうか。それに、いつの世でも公的領域で幸福を得られる人の数には限りがある。「最大多数の最大幸福」こそ新たな市民社会の進むべき方向ではないか。後にあのベンサムだってコーヒー・ハウスでたまたま読んでいた本の中でこの言葉に出喰わし、歓呼の喝采を発することになるのだ。それにイギリスの紳士には中世以来、いざ公権力に対抗する段になると「マイ・ホーム・イズ・マイ・キャッスル」と呟く伝統がある。マイ・ホームをホーム・ベースにした最大幸福の追求こそ新時代の行くべき道ではあるまいか。

紅茶

幸福の具体的イメージはいつの時代でも上から降りてくる。十八世紀初頭のイギリスでは史上はじめて、一般家庭のために料理法を解説した本が出版された。（料理法なんぞクダランと思う向きは、十九世紀になっても例えばマンチェスターでは、九歳で工場に送られ平均三十五年ほどの短い生涯を、料理の作り方一つ覚える暇もなく死んでいく織工たちの織りなした無数の女工哀史を想像して頂きたい）。家庭料理が上昇志向を帯びたのだ。熱と栄養を逃さないという点では完璧な中世的鍋料理に代わって、複雑な調理を必要とする料理が家庭の食卓にのぼる。個々の家庭がお隣さんとは違うおかずを食べても「神の前の平等」に違反するわけではない。神と経済に祝福された個人主義は家庭内でも貫徹する。一方で個人のプライバシーを重視して個室の多い家屋建築が流行れば、食事マナーも個人主義が貫徹する。十八世紀は友愛に基づく夫婦関係がニューモードであったが、たとえ情愛深く愛し合う妻と夫といえども、食べ物に付いた相手の唾を仲睦まじくなめ合わなければならない義理はない。この時代、贅沢にも家族の一人一人が個人別の皿とナイフとフォークとスプーンを使うようになった。

　豊かになった食生活の総仕上げはビスケットと紅茶である。紅茶はメアリ二世やアン女王のたたずまいの漂う宮廷の飲物である。ビスケットにせよ紅茶にせよ、それが高価な砂糖を大量に使うという点で従来、貴族層にのみ許されていた贅沢であった。紅茶に彩りを与える陶磁器もこの時代から豊富に出回り始めた。代々竈の火を見つめて感性を育て上げた女性の大好きな蠟燭《ろうそく》の揺らめく明かりに照らされて、陶磁器の多彩な模様が演出する紅茶文化の美学は、とてもコーヒーの及ぶところではない。とりわけロンドンのコーヒー美学はひどかった。巷ではコーヒーのもたらす滋養が喧伝されていたが、コーヒー・ハウスに入り浸る夫たちのなかにはさらに効果を高めて「特別室」での効能でも期待したのか、コーヒーに生卵を落とす者がいた。月見コーヒーは、その滋養分がどうあれ、美的鑑賞には耐えない。

　コーヒーにうんざりしたロンドン女性にとって、紅茶には女性の望むすべてがあった。美観だけではない。そこにはコーヒー・ハウスでお喋りに耽る男たちからは消えたホントの男らしさも漂っていた。女性の経済観念にとって紅茶は高価であった。十八世紀初頭、一ポンドの紅茶は十シリング前後、高級な種類になると二十四シリングから三十六シリングもしていた。茶交易は東インド会社の独占である。独占企業は当然ながら独占価格を設定する。しかも国家は嗜好品の紅茶に一〇〇パーセントの関税を掛けていた。一七一七年、イギリスで最初のティー・ハウス「ゴールデン・ライアンズ」を開店し、これまでの男性専用の特別室めいたコーヒー・ハウスとはうって変わって明るく開放的なティー・ガーデンの流行の端緒を開いたトーマス・トワイニングもまた税率の引き下げに奔走努力した一人であったが、国家の壁はまだまだ厚かった。

しかしここに一群の男らしい男たちがいた。国家権力と独占企業に命を掛けて抗し、国境を無視して七つの大海をさすらい、ロンドンの霧深い闇に出没しては女性に安価な紅茶を供給し続ける無数の密輸業者たちである。イギリスという国は本質的に海賊国家だったのはあるまいか。その海賊の末裔達が国家官僚めいたしたり顔で庶民の生活を苦しめる時に、昔と変わらぬ男らしい海賊達がいかに女性の心を擽《くすぐ》ったかは想像するに余りある。

紅茶の国をつくったのは女性である。しかしそこには男の浪漫も漂っている。こうして、女性らしい女性と男らしい男性のつくり出した紅茶文化はやがて、国家と国家独占企業の横暴、つまり茶条例公布や密輸取締りの強化に抗して、あの明朗さと快活さにおいて比類なき革命、アメリカ独立を告げるボストンのティー・パーティーを盛大に祝う下地を作り出していたのである。

バッハの「コーヒー・カンタータ」

さて、大英帝国の首都ロンドンからドイツに目を向けよう。バッハの生まれた一六八五年、ライプツィヒに最初のカフェがお目見えした。店の名は「アラビアのコーヒーの木」。入口の上に掛けられた石像彫刻には大きなコーヒーの木の下に寝そべるアラビア人が描かれている。あの一六八三年、オスマン・トルコの大軍に包囲されたウィーン解放に大きく貢献したザクセン公国アウグスト強健王が寄贈したのだというが、真偽のほどは定かでない。いずれにせよ、さあ、これをきっかけに古来、ハンザ同盟と地中海とを結ぶ交易路の要衝に位置する商都ライプツィヒにはたちまち無数のカフェが立ち並び……などと考える人はドイツという国がよく分かっていない人である。それから四十年たった一七二五年の時点でもライプツィヒには八軒のカフェしかなかった。

この時代、ロンドンには五百軒のコーヒー・ハウスがある。一時は三千軒もあったコーヒー・ハウスの数が急激に減ってなお五百なのである。パリには三八〇軒のカフェがある。この数は今後さらに増える勢いを見せている。この時代、ドイツで世界的都市と呼べるのは港湾都市ハンブルクとこのライプツィヒだけであった。そのライプツィヒがたった八軒というのはあまりに惨めな数ではないか。いや、違う。文化の質はカフェの数で計るものではない。こう言い切れる人はドイツがよく分かっている人である。

例えばカフェの数を誇るフランスやイギリスがコーヒーについてどんな音楽を残したか。パリではすでに一七〇三年、コーヒーを主題にしたカンタータが現れていたと言われる。しかし今ではその痕跡は皆無である。それに反してライプツィヒの聖トーマス教会の合唱指揮者バッハの「コーヒー・カンタータ」(一七三四／五年)、これなら誰でも知っている。しかもありがたいことに「コーヒー・カンタータ」はこの時代のドイツのコーヒー文化のありようを伝えてくれているのである。出だしからしてツボを押さえている。

「どうか静粛に。お喋りはやめて」

イギリスでもフランスでも十八世紀の人々は実によく喋った。フランスの大歴史家ミシュレも、かつてフランス人がこれほど喋りまくったことはなかったと驚嘆している。その原因はコーヒーとカフェの出現にあった。人々がカフェに出入りして、政治と文学を語ったのである。

ところがドイツでは事情が大いに異なっていた。なにしろカフェの数が国際的大都市ライプツィヒで八つである。十九世紀にはヨーロッパの首都になろうかというベルリンでも似たようなものである。一七四〇年といえばフリードリヒ大王即位の年であるが、この年プロイセンの首都ベルリンには一ダースのカフェがあったと誇らしげに記している歴史書がある。どういう歴史観の持ち主が書いたものなのか。多いのを誇っているのか、少ないのを誇っているのか判然としない。その筆頭に挙げられたカフェの名称は「王立カフェハウス」という恥知らずというか、世間知らずというか、ほとんど呆れ返る名前である。

イギリスにせよ、フランスにせよ、カフェは王の政府に反対し、王の処刑の是非を論じる市民の集う場所であった。しかし市民的公共性の場としてのカフェはドイツではまったく展開しなかったのである。にもかかわらずドイツ人もまた大量のコーヒーを消費し、お喋りに興じた。誰がか。女性がである。どこでか。家庭でである。ドイツ人男性だって政治を論じることがなかったわけではない。ただそれはビール酒場でと相場が決まっていた。ドイツ人男性はビールの泡がないと、口角泡を飛ばす議論に弾みがつかないのである。

女性が喋る場合は違う。台所のやりくりは天下国家を論じて気勢をあげるよりもはるかに醒めた理性が必要である。しかも近所付き合いの仲では「酒の上の狼藉」は絶対に許されない。あとがこわい。したがって女性はコーヒーを飲む。しかし、コーヒーを飲みながらの女性の集い（カフェークラッチュ）が定着するにしたがって、コーヒーはオンナのお喋りのための飲物という観念がビールの国ドイツに定着していく。カフェーシュヴェスター（コーヒーギャル）、カフェータンテ（コーヒーおばん）などがコーヒー好きのお喋りに熱中する女性を揶揄する一般的なドイツ語であるが、ビールの都ミュンヒェンを頂くバイエルン方言にフッツェルヴァッサー（乾燥果物の水）という言葉がある。コーヒー豆が乾燥しているから「乾燥果物の水」なのであろうが、どうもピンとこない。日本語で言えば、ひからびた梅干しばばあの飲む水といった語感なのであろう。そのつもりで「コーヒー・カンタータ」の歌詞を読むと、父親の咎めにも応じず、コーヒーを飲み続ける娘リースヒェンの断固とした抗議の姿勢がよくわかる。「一日に三杯のコーヒーを飲めなかったら、私はつらくて山羊のひからびた焼き肉みたいになってしまうわ」と、コーヒーに与えられた評判を逆手にとっているのである。

ともかくドイツでコーヒーを飲む習慣をリードしたのはもっぱら女性であった。実はこれがヨーロッパ全体から見れば例外的なことなのである。総じてアルコール浸りだったヨーロッパに入ったオリエントのコーヒーは「醒めのリキュール」であり、商売や政治に励む男性の冷静な議論に役立った。それに随伴するカフェという制度も政治的・公共的議論の場となったのであるが、それも主として男性の主導する場であった。そのために、コーヒーが家庭に入るのは必ずしも容易ではなかった。しかしドイツは別であった。ここではコーヒーを飲む習慣をリードしたのは最初から家庭の女性であった。

コーヒー占い

ところで女性が主導権を握るとえてして随伴する現象がある。女のありあまる霊力がコーヒーに憑くのである。すでに「コーヒー・カンタータ」の時代、ライプツィヒにはコーヒーにまつわるある特殊な技術が完成していた。コーヒー占いである。これは当時のコーヒーの飲み方に関係している。コーヒー・フィルターなどない時代である。コーヒー・カップに注いだコーヒーにはいきおいコーヒーの出し殻が混じる。そのため当時は、コーヒーの澱《おり》が底に沈むのを待って、受け皿にもう一度コーヒーの上澄みを注ぎ、受け皿から飲んだのである。マイセン焼きの受け皿が今でも深いのは当時の形状をまもっているからである。コーヒー・カップにはコーヒーの澱が残ることになるが、占いはコーヒー・カップをゆっくりと皿の上に伏せ、澱が落ちるのを待って開け、カップの内側にこびり着いた澱の作り出す模様で未来を占うのである。二つほど例を挙げてみよう。

錨は希望と幸福のしるし。実業家のあなたには、もし錨がカップの底にあればとりわけ吉兆。錨がカップの縁近くに現れるか、はっきり明瞭な形を取れば、永続的な愛と忠実のしるし。錨の形が不明瞭であれば、不実、時には離婚も。

赤ん坊のかたちがはっきりとカップの縁に現れたら、近いうちに素敵な恋人の出現。でもかたちがぼんやりしていたら、アヴァンチュールには大変な結果が。大きな出費を覚悟しましょう。

だいたい、以上の要領である。もちろん素人判断は災いのもとである。大事な未来を読み誤っては元も子もない。ライプツィヒにはコーヒー占いを専門のなりわいとする女性が多くいて、悩める老若男女の相談にあたっていた。ところが額を寄せ合ってコーヒー・カップの底を見つめ、ヒソヒソ話に耽る女性たちはどこか不気味である。ひと昔前ならば、厨《くりや》に集まって魔法の液体を調合する魔女の集いかと思われかねない風情である。コーヒー占いに特に神経を尖らせたのが教会だったのも理解できるだろう。ライプツィヒは書籍の町でもある。フランスの誇る書籍の町リヨンとは比べようもないが、それでもそれなりに特殊テーマで売っていた。一七四二年にはコーヒー占いを「神と理性を侮辱するサタンの技」として排撃する書物が出版されている。占い排撃である。

コーヒー占いは二十世紀に入っても、根強い人気を保っていた。二十世紀のドイツ思想を代表する一人、ヴァルター・ベンヤミンも言っている。「コーヒーの澱から予言することの可能性を排除し、これを説明できないような哲学は、本当の哲学ではありえない」。もっとも占いというのは気軽にやるべきものではないし、何処ででもできるというものでもない。神意の発顕にはそれなりの雰囲気を備えた場所が必要である。古代のギリシア人はドドネーの山奥深く、巨大な樫の木の葉にそよぎ渡る風の音や、あるいはピュティアの奥深い洞窟の底で滴り落ちる水音に神のお告げを聞いた。そのためにギリシア人は遠路はるばる聖地を訪れたのである。日本人だって遠路ものともせず恐山に行ったりする。十八世紀のライプツィヒでコーヒー占いにふさわしい荘重な場所と言えば、ただ一つ、カフェ「アラビアのコーヒーの木」の洞窟めいた暗い店内であった。このカフェは「コーヒー神に献げられた神殿」であり、「新時代のデルフォイ」であると同時代の詩に歌われている。人生の重大な選択の前に立つ、ライプツィヒ近隣の老若男女はコーヒー神の託宣を聞くために戸口に刻まれた鬱蒼と茂る「コーヒーの木」の彫刻の下をくぐったのである。

カフェ・コンサート

むろんライプツィヒのカフェがすべてコーヒー占いの霊場というわけでもない。カフェという空間はどちらかといえば神の声を聞くよりは、人の声を聞くのにふさわしい場所である。十七世紀後半のロンドンやフランス大革命時のパリのカフェは、人々のお喋りが世論を形成する場所として、その政治的機能を十分に発揮した例である。しかし十八世紀のドイツにはそのような政治カフェは生れなかった。ドイツのカフェハウスは政治討論会場とはならずに、音楽会場になる。カフェハウスの提供する空間が、やがて整備されるコンサート・ホールの先駆をなすことになったのである。政治に代えて音楽。この動向は「音楽の国・ドイツ」にふさわしい実り豊かな展開を見せ、一九一八年のドイツ革命ですら「雨が降っていたので、コンサート・ホールで挙行された」（クルト・トゥホルスキー）ほどである。

カフェ・コンサートというドイツ的現象を他の諸都市に先駆けて推進したのがライプツィヒであり、それに一役買ったのがバッハであった。一七三〇年代、ライプツィヒのカフェ「ツィンマーマン」ではコレギウム・ムジクムによる定期コンサートが開かれていた。見本市が開催される遠客万来の時期には週二回、通常は週一回であったという。気候の穏やかな時期には隣接する庭園に場所を移してガーデン・コンサートになる。バッハが「コーヒー・カンタータ」を作曲したのは、カフェハウス・コンサートに出演するコレギウム・ムジクムのためであったと推測される。奇しくも齢五十を迎えたバッハが、ライプツィヒの喫茶店生誕五十周年を記念するような作品である。とはいえ、カフェは人々がお喋りする場所である。ともすれば音楽を聴くにふさわしい静粛は確保しがたい。そのため内容的には、父と娘の対話に終始すれば十分であるはずの「コーヒー・カンタータ」の開始部分にナレーターが入り、喫茶店の人々に訴えかける必要があったのである。

「どうか静粛に。お喋りはやめて」

バッハが死んだのは一七五〇年である。作成された遺産目録には高価なコーヒー器具が記載されている。

　銀製の大型コーヒー・ポット。評価額、十九ターラー・十二グロッシェン
　同、小型。評価額、十ターラー・二十グロッシェン
　同、コーヒー受け皿。評価額、五ターラー・十二グロッシェン

銀製のコーヒー・セットはルイ十五世のブルボン王朝、ないしはマリア・テレジアのハプスブルク家の宮廷のみやびを思わせせないわけではない。事実、商都とはいえライプツィヒは、ドレスデンやウィーンの宮廷的優雅の気風に強く惹かれ、同時に自他共に許す「小パリ」として、コーヒー文化のヨーロッパ的首都というべきパリから漂ってくる新時代の風にも敏感だった。その風はバッハ家の食卓にも及んでいたに違いない。

しかしバッハの死後数年を経ずして、ライプツィヒは町に漂う優雅の気分を吹き散らす一大危

機に直面した。新興プロイセンとヨーロッパ古来の神聖ローマ帝国の帝室を抱く強国オーストリアに挟まれたライプツィヒは、一七五六年に始まる七年戦争の「受難」を経て、プロイセンの軍門に「涙ながしつつひざまづく」（バッハ「マタイ受難曲」）結果になるからである。プロイセンはコーヒー輸入を徹底して抑圧する政策を押し進める。女帝エリザビエータの支配するロマノフ王朝、女帝マリア・テレジアのウィーン、ハプスブルク王朝、そしてポンパドール夫人の操るフランス、ブルボン王朝という三人の女神めいた女性たちの支配するヨーロッパで、たった一人、男の意地を張って姦しい女三人組を相手に戦い抜く男の中の男、フリードリヒ大王に率いられたプロイセンが十九世紀のヨーロッパ国際政治の一大権力ファクターとして浮上するのであるが、まず大王が解決しなければならないのはコーヒー問題であった。フリードリヒ大王の重商主義政策にとって大問題は、輸入商品コーヒーであった。大王は徹底してコーヒー抑圧政策を推し進めた。七年戦争後、プロイセンの支配下に置かれたライプツィヒのコーヒー事情は、この時代を描いたレッシングの名作『ミンナ・フォン・バルンヘルム』から台詞を借りて言えばただ一言「ああ、メランコリックなコーヒー」であった。

最初のカフェと時を同じくして生まれ、七年戦争の悲惨を知ることもなく安らかな死を迎えたバッハはその生涯を、十八世紀のドイツにしては例外的に香り豊かなコーヒー文化を花咲かせた場所と時代で過ごしたことになる。そして事実、バッハの居るライプツィヒが先導したコーヒーと音楽とのドイツ的対位法だけは、いかなる政治的障害もかき消すことのできない通奏低音を今に鳴らし続けている。今日のドイツ人にとっては、コーヒーという単語からして音楽そのものである。コーヒーをC・A・F・F・E・Eと綴れば、そこにはすでに口ずさむべき一片のメロディーが輪唱を誘う。

C《ツェー》・A《アー》・F《エフ》・F《エフ》・E《エー》・E《エー》。コーヒーばかり飲んじゃダメ！
子供はダメだよ、このトルコ人の飲み物は。
神経を痛め、顔色を悪くし、病気にする。
この飲み物を手放せない回教徒《ムーゼルマン》になっちゃダメ。

若きヴェルテルの悩みから老人の幸福へ

文学は昔からその機能の一つを、ありうべき人間の幸福と平和のイメージを示すことにおいてきた。ならば、「幸福なアラビア」からやってきて、あの幸福追求の世紀、十八世紀にヨーロッパ一円を席巻したコーヒーが、早速、各種の幸福のイメージに採り入れられたのも不思議ではない。幸福追求権はアメリカ独立宣言やフランス大革命の人権カタログに収まり返っているだけではない。ドイツ文学はドイツ文学なりに幸福の在り方を模索しているのである。

人間の幸福を演出する舞台装置には古来一定の共通性がある。文学空間は虚構空間なのだから、不快を催す一切を作品の外に放逐し、心地よいものだけで閉じ固めた文学空間を築き上げることができる。快適空間、牧歌文学で言う「快適な場所」の条件は、心地よい自然に囲まれて、かつ、せわしない人為の世界から適度な距離を保つことである。人間を心安らかに保護する物理的装置の一つは壁である。人間存在が、混同の許されない公私の二元性に分断されたローマ以来、外部の公的空間から内側の私的空間を隔て、この私的空間の幸福を保障するのは、壁であった。そもそも楽園的な場所が、壁で隔離されているのは天地創造以来の通則である。ヨーロッパが伝えるパラダイスの語源がペルシア語で「壁で囲まれた場」であり、人の平穏を保障するのは壁であることを示している。

しかし、幸福を保障するのは壁ばかりではない。イスラーム・スーフィズムの禁欲的精神からコーヒーが誕生して以来、コーヒーは人の世の虚飾を避け、過度の社交を遠ざけ、慎ましく静かに安心できる生活を送るための飲み物である。自然と壁とコーヒーによって確立された私的幸福空間の代表例をゲーテの『若きヴェルテルの悩み』（一七七四年）に見ることができる。アメリカ独立革命とフランス大革命をつなぐ幸福追求権の輝かしい理念に対してドイツが持ち出せる目玉商品は限られている。まずはゲーテである。ゲーテの『若きヴェルテルの悩み』にこういうシーンがある。

　ぼくの流儀はきみが前々から知っているとおりだ。親しみのもてる場所に腰を落ちつけ、そこに小屋みたいな小さな家を建て、ひっそりと単純に暮らすというあれだ。ここでもぼくはそんな、ぼくのこころを引きつける場所を見つけだした。……（中略）……なによりも素敵なのは二本の菩提樹で、枝を八方にひろげて、教会の前の広場をおおっている。その広場をめぐって農家や納屋や屋敷などがある。こんな親しみのあるくつろいだ広場は見たことがないほどだ。ぼくはそこへ宿屋の食堂からぼくの小さなテーブルとぼくの椅子を持ち出して、ぼくのコーヒーを飲み、ぼくのホメロスを読むのだ。

（五月二十六日の手紙）

ヴェルテルの堪能している「快適な場所」は、農家や納屋や屋敷の壁に庇護され、その上を二本の菩提樹から生い茂る枝によって庇護された空間であり、そこにヴェルテルは「ぼくのテーブル」と「ぼくの椅子」を持ち出し、「ぼくのコーヒー」を飲み、「ぼくのホメロス」を読むのだ。まさにここにあるべき嗜好品はコーヒー以外の何物でもあってはならない。ここにはヴェルテルの私的幸福空間が完璧に作り出されているのである。

しかし問題がある。ヴェルテルの幸福が持続しないことである。周知の通り、ヴェルテルは自殺する。持続可能な幸福のためには恋愛感情など通常、最悪の邪魔とは言わないでも、リスクが大きすぎる。最高の幸福はたやすく最悪の不幸に転倒する。ヴェルテルのどこか反社会的な隠逸志向の強い幸福は潰えた。コーヒーを飲む幸福は、アラビアやアフリカやアジアで産出されたコーヒーをドイツの片田舎に流通させるハンブルクやブレーメンといった港湾都市に集う商業資本家たちの旺盛な海外貿易活動を前提としている。この市民社会にふさわしい、コーヒーを飲む幸福のイメージとはどんなものであるのか。

ヴェルテルが「ぼくのコーヒーを飲み」ながら読む「ぼくのホメロス」はギリシア語原文であった。ドイツの庶民が原書でホメロスを読めるほど、ドイツの民度は高くない。市民社会の成熟度をギリシャ古典文学の翻訳稼業の成立で示すことになるのはヨハン・ハインリヒ・フォスの出現である。

当時、ゲーテ、シラーに代表されるワイマール古典主義は難問を抱えていた。古典主義を名乗る以上、ギリシアの『イリアス』や『オデュッセイア』に見合うような英雄叙事詩ができなければならない。しかし、十八世紀のドイツにはどこをどう見回してもそれらしい英雄的素材が見つからないのである。そこに出現したのが、フォスの牧歌的小景詩「七十歳の誕生日」（一七八一年）である。

フォス

ハインリヒ・フォスの祖父はまだ農奴であった。しかしフォスは学校の成績の良い子であった。小学校を出ると、ノイブランデンブルクのラテン語学校に入れてもらえた。生きて卒業できるかどうかは「無料給食」という制度にかかっていた。「無料給食」とはお金のない生徒や学生を昼食に招待する「施し」制度である。下層の生徒や学生の多くはこの「施し」に依存していた。途切れれば学校を辞める他ない。ラテン語学校にも啓蒙主義の息吹は流れて来ていた。フォスは秘密結社を作る。やがて歴史に残る文学結社、ゲッティンガー・ハイン同盟を作る練習である。

ラテン語学校を無事に卒業したフォスはあるユンカー（地主貴族）のところで家庭教師に雇

われる。「無料給食」が多少、恒常化したようなものである。家庭教師の給金はコックのそれよりも悪かった。当然ではある。料理の重要性はわけの分からぬ、しかも、腹の足しにもならぬゴタクを並べる学問の比ではない。それにしても、日々の抑圧と侮辱の繰り返しは神経にこたえた。フォスは農民の解放を主題にした詩を書き始める。

こんなとき、ゲッティンゲンから「一七七〇年の詩人年鑑」という小冊子を送られてきて、自作を送ったりするうち、結局フォスはゲッティンゲン大学に入学することになった。ふたたび「無料給食」にすがる身分となるのであるが、「詩人年鑑」の発行も引き受ける。詩人の使命や啓蒙の活動のためばかりではない。多少の収入がそれによって確保されたからである。この年鑑が一七七二年から一七七六年にかけて文学的、イデオロギー的に重要な意味を果たす雑誌となる。フランスならばパリに行き、どこかのカフェに入れば人々に会えた。しかしドイツでは人々はそれぞれ地方都市に分散して暮らしている。人々が知り合うためには機関誌が必要であった。「年鑑」の周りには次第に若い詩人があつまる。ゲッティンガー・ハイン同盟である。ハイン（神苑）はギリシャのパルナス山にちなみ、ドイツの詩神の憩う場所の意味がこめられている。同人は互いに「兄弟」と呼び合い、「友情」はほとんど崇拝対象であった。「兄弟」とは人間であり、封建制とたたかう市民であり、小邦領土を越えたドイツの愛国者であった。姉妹はどうするのよ、存在していないかのように扱うのはやめてよ、と事を糾す女性はまだ出てこない。兄弟とは、フランス革命の「友愛」の理念と「市民《シトワエン》」を思わせる呼び掛けである。

一七七五年、フォスはゲッティンゲンを去ってハンブルクに引き移る。ハンブルクはドイツ啓蒙主義の拠点であった。ゲッティンゲン時代のように、「年鑑」が検閲にかけられ、詩に一部を伏せ字にするような必要もない。といっても彼が住んだのは、当時はまだ小さな村であったヴァンツベクである。ハンブルクの町中に部屋を借りる財力はフォスにはなく、職を探していた。しかし、ハンブルクで職を得るという希望はあえなく潰えた。ある学校の副校長のポストに就く可能性はないではなかったが、人事に発言権を持っていたのは、市の主任司祭のゲーツェである。宗教的寛容を説くあのレッシングが「ゲーツェ駁論《ばくろん》」を書いたいわくつきの人物である。レッシングの仮借ない正統派批判を模範的と見做していたフォスが採用される筈もなかった。「自分自身に忠実に生きようとする決心が即座にできないような者は、永遠に他者の奴隷を生きるのだ」（レッシング『賢者ナータン』）。フォスは奴隷制の時代に生まれたのではない。啓蒙主義の時代精神は、精神の奴隷制を永遠に終わらせようとしていた。祖父は農奴であったとしても、フォスの時代は市民社会を迎えようとしているのである。

　フォスが三年ほどかけた職探しののち、ようやく得ることができたのはエルベ河口のオッターンドルフという小さな町のラテン語学校長の地位であった。河口の町といっても、広々とした海を介して世界に結ばれている出口でもない。出口というよりは、どこにも繋がっていない文化果つる土地、陸の孤島である。名前からしてカワウソ《オッターン》の村《ドルフ》である。出発直前、レッシングが訪れて来るという予期しない喜びを味わったものの、オッターンドルフでの生活は厳しい。低地の湿地帯で絶えず熱病に悩まされて送る生活を「蛙の生活」とフォスは自嘲した。ここで彼はなにがしかの収入のためにホメロスのドイツ訳を始めた。ヘクサメーター（長短短の六詩脚）のドイツ語に訳されたホメロスはのちにゲーテ、シラーに歓迎され、ドイツ古典主義文学に大きな影響を及ぼすことになる。

それはともかく、こんな陸の孤島にも大西洋の彼方の遠雷は届いてくる。アメリカ独立革命。アメリカン・デモクラシーの理想と「幸福追求権」の思想はドイツ市民をもやはり震撼させた。ドイツ市民だって幸福になって良いのだ。それどころか自分たちの幸福を高らかに謳い上げて良いのだ、とフォスは蛙の身分も忘れて考える。ところで何が幸福かといえば、頭の冴えるコーヒーを飲めることである。プロイセンという国は、高い値段と高い税率にあえぐ本物のコーヒーを飲むことが極めつけに難しい国である。そのような時代と場所でフォスのような、つまりは農奴の孫で、父親はプロイセンのフリードリヒ大王の治世にコーヒー抑圧政策の辛酸を嘗めた人間が、コーヒーを飲む幸福を高らかに歌い上げることによって、ドイツ市民の到達しつつある現状を告知するのである。

古来、人間の幸福を歌うのを専門にしてきたジャンルが牧歌である。麗かな季節、小川や泉のせせらぎを聞きながら、涼しい木陰で羊飼いが歌合戦をしたり、愛し合う二人が愛を語り合うというジャンルである。ギリシアのテオクリトス、ローマのヴェルギリウスに連なる分野で、ロココ文学が愛好した分野でもある。

しかし牧歌はここドイツで大きな変化を被ることになる。若々しい牧人や恋人たちに代わって「市民」が登場するのである。ドイツ市民牧歌であり、それを代表するのがフォスとなる。「無料給食」で食うや食わずの学生時代にギリシア語やラテン語をきわめていたフォスはテオクリトスやヴェルギリウスの牧歌が必ずしも空想的夢物語ではなく、それぞれの時代の陰影を深くとどめていることに着目していた。十八世紀の現代において彼らの精神を生かそうとするならば、ドイツの現実そのものから材を取らなければならないと考え、そして生まれたのが「七十歳の誕生日」（一七八一年）という大ケッサクである。「幸福な市民」として選ばれたのは自分の父親。結婚したフォスがメクレンブルクの両親のもとへ新婚旅行をかねて訪れたのが作品成立の機縁である。

「七十歳の誕生日」

祈祷書をかたわらに
横たわる老いし善男ワルターに
やさしく午睡が忍びよる
ふくらむ羽毛をいっぱいにつめ
鳶色にざらつくロシア皮で張った父祖伝来の肘掛椅子にもたれて。
おごそかにはれやかに　老人は筋縞のあるカルマンクの羊毛のジャケットを着込む
それもその筈
きょう彼の祝うのは　七十歳の愉しき誕生日

（「七十歳の誕生日」冒頭）

今日、七十歳の誕生を迎えたワルターという老人が午睡を楽しんでいる。眠る夫の傍らを老妻がいそいそと部屋の掃除に励み、それが済むとコーヒーを淹れる準備を始める。詩はその光景を長々と描写し、最後は遠くから吹雪をついて訪れた息子夫婦の抱擁で目を覚ました七十歳のワルターが、コーヒーをすする光景で終わる。

この詩はまさに革命であった。なぜか。要点だけを述べる。まず、この詩が、ヘクサメーターという詩型で書かれていることである。ヘクサメーターという詩型は、ホメロスの『イリアス』や『オデュッセイア』の詩型である。ドイツ古典主義と呼ばれる文学潮流はギリシア古典を理想として掲げていた。演劇がギリシア悲劇を模範としたように、詩文学はギリシア叙事詩を模範としたのである。しかし、現代のドイツ人が古代ギリシアに材を取り、ヘクサメーターで書けばよいというものではない。問題は、現代ドイツの社会生活に古代ギリシアのそれに匹敵するような英雄的行為が存在すると思われないことであった。ゲーテ、シラーに代表されるワイマール古典主義はその頂点になるべき現代のヘクサメーター叙事詩にふさわしい主題を探しあぐねていたのである。これに解を与えたのが、フォスの「七十歳の誕生日」であった。

舞台設定は北ドイツの吹雪に包まれた家屋の室内。遠くから息子夫婦がお祝いに駆けつける今日は特別な日、暖炉にも火力は強いがいかにも安価な石炭ではなく、高価な薪を使う。見た目の暖かみがまったく違うのだ。眠る夫の傍らには、この夫婦が生涯に買い集めた豊富な家具・調度類が並んでいる。これらはみな遠隔地から世界交易によって運ばれた商品である。七十歳の老人の飲むコーヒーの背後には、ハンブルクやブレーメンといった港湾商業都市を拠点に上昇を始めたドイツ市民階級の旺盛な活動があるのだ。

フォスの祖父はまだ農奴であった。ようやく一世代前に奴隷解放を迎えたばかりの市民階級が早急にこれほどの商品購買力を備えるに至る急上昇を果たしたのだ。これは「英雄的」というにふさわしい事態ではないだろうか。そして、実際、老夫婦がコーヒーという高価な嗜好品を消費する行為は、ドイツ語ヘクサメーターで叙述するにふさわしい英雄的行為ではないだろうか。それが、フォスの出した解であった。コーヒーという嗜好品の醸す幸福感には、ヨーロッパ規模で見れば、幸福追求の時代の政治要求のアロマが漂っている。アメリカ革命とフランス革命の理念はついにドイツでも、時代の思想と時代の趣向に見合った輪郭を獲得したのである。

近代市民社会の幸福の真髄は、互いにコーヒーをする老夫婦に体現される幸福である。近代市民社会とは発生的に見て、嗜好品の世界交易を基礎に世界史上初めて姿を見せた、老人の幸福を中心に据えた社会である。ここメクレンブルクの七十歳の老人の誕生日には、超高齢化社会を迎えた日本のすべての老人にとっても貴重な認識がある。しかし……、しかしである。

メクレンブルクという地名を記憶にとどめておくよう願いたい。本書の進む先の方で、忌まわしい文脈で、この地名に再会することになるからである。

第三章　土地なき民

プロイセンのメランコリックなコーヒー政策

レッシングの『ミンナ・フォン・バレンヘルム』に、ミンナが「ああ、メランコリックなコーヒー」と呟く場面があった。むろん、ドイツの小パリ、ライプツィヒがプロイセンの軍門に下った政治情勢を憂いて言うのではない。コーヒーはメラン（黒い）なコリック（体液）を作り出すという医学的診断を踏まえての言である。いずれにせよ、プロイセンが憂鬱な話題であることに変わりはない。

　かつてドイツ騎士団が入植して騎士団連邦領を築いた土地をドイツ南部のシュヴァーベンに発するホーエンツォーレルン家が継いで、ヨーロッパ北辺の小国プロイセンを成立させて以来、変貌に変貌を重ねて遂には近代の強国ドイツ帝国となる過程では、刮目すべき点がいくつもある。本書の新即物主義的ドイツ研究、つまり物《コーヒー》に即してドイツの歴史を眺める試みにとっても、コーヒーとプロイセンの関係は決定的である。まずプロイセンが、ウィーン・ハプスブルク家、ロシア・ロマノフ王朝、フランス・ブルボン王朝に互して戦い抜いた七年戦争を終えた時点から始めることにしよう。

一七六三年三月、東奔西走の七年間を終えベルリンに帰ったフリードリヒ大王を待ち受けていたのは、戦禍に荒廃した領土を復興させる大事業であった。戦争によって確保した権利も国土に産業が育たなければ無に等しい。大王の重商主義的経済政策にとって問題はコーヒーであった。オランダに依拠するコーヒー消費が増大し、年々、大枚七十万ターラーもの大金がオランダに流れ出てしまうことはいかにも看過しがたいことであった。

政府はコーヒー消費を押さえるキャンペーンを張った。まずは奢侈《しゃし》税の導入である。一〇〇パーセントの奢侈税となれば、行政が全力を挙げて密輸業界を支援しているようなものである。むろん、政府は支援しているわけではないので、密輸取り締まりを強化した。しかしドイツという国は、水際作戦を敷いて密輸の取り締まり強化を期待できる国ではない。ドイツは四方八方、いや、厳密に言えばそれ以上、実に九つの国と国境を接している国なのである。したがって取り締まり対策の要めは、コーヒーを焙煎すると発するコーヒー特有の芳しいアロマ、焙煎の香りを頼りに取り締まりを強化することである。町にはこの匂いをくんくん嗅ぎ廻る密偵に溢れていた。

フリードリヒ大王からナポレオンの大陸封鎖にいたる時代、ドイツの食品化学が全力を挙げて取り組んだ品目が代用コーヒーである。言い伝えに拠れば、フォン・ハイネ少佐夫人は年来、胆嚢の病いに悩まされており、医者からチコリの根を煎じて飲むように言いつけられた。チコリは見た目には茗荷に似た草で、葉をサラダにして食べる。和名はキクニガナとも言い、その名の通り、苦い味がする。苦ければコーヒーになるかもと考えたフォン・ハイネ少佐夫人が早速チコリの根をいぶして飲んだところ、案の定、コーヒーに似た味がしたのである。諸々の植物の根っこを料理するのは太古以来、女性の専門領域である。時代が時代であれば、魔女の職能ともされた。しかし少佐夫人はいかにも新時代にふさわしい行動に出た。一七七九年、ブラウンシュヴァイクの市当局にこの代用コーヒーの特許申請を行い、チコリ・コーヒーの量産に入ったのである。その登録商標には、中心にチコリの種蒔く人を描き、背景にはオランダ東インド会社の船を浮かべる東南アジアらしき島嶼風景を描き、その上には「君たちがいなくても、健康に、豊かに」と書かれていた。

プロイセンの一大産業

葉はサラダに、根はコーヒーに。これこそ質実剛健をもって鳴るプロイセンの精神に合致するものであった。以後、プロイセンの化学産業は競って代用コーヒーの開発にいそしむのである。麦芽、大麦、ライ麦、サトウキビ、イチジク、南京豆、大豆、ドングリと、およそ陸の幸一切からコーヒーを作り出すのである。陸の幸ばかりではない。海の幸だって使う。海草から作ったコーヒーが出回っていた。健康に良いとばかりは言えなくなる。健康食品としてのコーヒーを保障する法律も整備される。健康と衛生は新生ドイツの売り物としなければならないのである。ともかく食品化学産業を誇るドイツの熱意は凄まじく、「ドイツのコーヒー」と言えば「代用コーヒー」の総称となって、ドイツの一大伝統を育むことになるのである。

伝統は結構だが、持続性のない伝統は困る。一つとして持続的に飲まれない以上、次から次へと開発の手が加えられた。キク芋、ダリヤの球根、タンポポの根、トチの実、アスパラガスの茎、シダと小判草の根、飼料用のカブラ、トショウの実、アシの根、レンズ豆、ヨシの穂軸、野生のスモモ、ナナカマドの実、ヘビノボラズ、サンザシの実、クワの実、西洋ヒイラギの実、カボチャの種、キュウリの本体、ひまわりの種。およそ記録されている限りの開発努力を煩を厭わず挙げてみた。化学 Chemie という語にアラビア語の定冠詞を添えれば Alchemie（錬金術）が不気味に甦る。万物を千変万化させる化学の根源には、黒い土 Kemi、つまりエジプトの黒土が潜んでいる。ドイツの食品化学は、あたかもエジプトの大地に君臨するイシスとオシリスの神力に庇護されてドイツの大地の生み出す糧を一切、代用コーヒーにしかねない勢いである。

本書が後半で触れることを余儀なくされるのは、ドイツ・プロイセンの化学産業の不気味な展開である。

カフェ・コロニア

プロイセン・ドイツのコーヒー文化は、植民地を持たない「持たざる国」の母斑がしるされている。ドイツは、東南アジアを自由にするオランダ、インドを富の中軸に据える大英帝国、西インド諸島を制圧するフランスに比して、植民地を持たぬまま近代に入った。植民地がなければないなりに努力するのが啓蒙専制君主フリードリヒ大王のエラいところであった。外がダメなら内に向かおう。国内植民である。プロイセンは、その神話的な過去において、ドイツ騎士団が雪深いバルト海の最北端に入植して以来、北方植民と国内植民で国力の増大をはかってきた国である。ちなみに、プロイセンという名称は、この土地に住んでいた原住民の名前である。ゲルマン民族が移動してくる前から存在していた「古ヨーロッパ」（マリヤ・ギンブタス／考古学者）の特色ある母権的民族であったという。その土地の人びとがドイツの男らしい騎士団によって、絶滅させられたのである。プロイセンという国は最初に母権的プロイセン原住民の絶滅で始まり、最後は忌まわしくもユダヤ人絶滅の物語をもって閉じる。

だいたい物語《ゲシヒテ》（＝歴史）というものは、はじまりがあって終わりがある。そしてその間に途中経過が入り込んで三位一体を作るのであるが、ドイツの場合、実は、この途中経過にも幾多の民族絶滅という現象が備わっているのである。それがドイツの進出するアフリカ植民地の物語となるのだが、まずは、国内植民から始めよう。

ドイツ国内にはまだ未使用の土地が沢山あった。例えば首都ベルリンである。首都も名ばかりであたりは一面沼沢地が広がっている。これをどうにか利用しよう、と啓蒙専制君主は考えた。

一七七五年、ベルリン市庁はフリードリヒ大王の意を受け、ベルリン郊外、トレプトウの近くケルンの沼沢地に入植者を募った。ドイツ全土から三十万の農民が希望に応じたという。これはフリードリヒ大王の成功した事業の一つであった。一七八六年までに計三十万人の入植者がプロイセンに移住し、その数は戦争による人口喪失を補って余りあるものであった。

入植者に選定され、提供された家屋といくばくかの土地を得たのはザクセン人であった。ザクセン、即ちあの「コーヒー・カンタータ」のバッハの住んでいたライプツィヒを擁する土地である。彼らはそのコーヒー・カフェ文化の先端をゆく土地からベルリンに入植したのであるが、元来、地味の悪い沼沢地である。開墾は思い通り進むわけもなく、彼らの生活はいっこうに向上しなかった。そこでザクセンの入植者は、ベルリン市民の憩いの場として自分たちの家の庭を開放し、ミルクやコーヒーを提供して多少の利益を得ようと試みたのである。要は、無認可のコーヒー・ガーデンである。無論、近隣の旅館食堂や居酒屋の亭主たちが黙って見逃してはくれない。彼らは早速、お上に御注進に及び、当局もまた地場産業優先の基本思想からザクセン人たちにコーヒーの販売を禁じたのである。

しかし、ザクセン人はひるまなかった。ザクセンの入植者は妙案を思いつく。彼らの土地にテーブルとイスを並べ、お湯を沸かせる場を設え、屋外カフェテリアを開設したのである。ただしコーヒーは出さない。コーヒー豆は各自持参とした。コーヒーはまだ高価であったが、それだけに一層、持参したコーヒーから立ち上る香りには富裕市民のステータス・シンボルのアロマが漂っていた。時代のスローガンは「自然に帰れ」であった。ベルリン市民は、都市中枢のカフェに屯して政治議論に枕頭し、事情によっては市民革命でも起こして幸福になる努力を払う代わりに、自然の中で手っ取り早く直接的に幸福になることを選択したのである。海の向こうのアメリカ、ボストン湾では初代ティー・パーティーが明朗闊達に独立革命を起こした頃である。時代は幸福を追求して動き始めた。ザクセン人の商法は時代の嗜好を的確に捉えて大成功した。こうしたコーヒー・ガーデンはつい最近まで「コロニア」の看板とともにドイツの景観に色を添えていたのである。

しかし手放しで喜んでばかりはいられない。このコーヒー・コロニアの流行にはドイツの深刻な問題点がくっきり記されている。ドイツの農民に十分な土地がないことである。ドイツ農民の実に七五パーセントが十分に土地を持つことのない「土地なき民」であった。これら「土地なき民」はやがて本物のコロニア、植民地を求めて海外移住することになり、「遅れた帝国主義国家ドイツ」の不吉な植民地主義政策が開始されるからである。しかし植民地を求めて外に出て行けば思い通りに手に入るほど、世界は甘くない。そもそも植民地を余り持たないというのが、ドイツの美徳であった。しかし、ドイツには悪徳もあった。コーヒー中毒である。

ドイツのコーヒー中毒

ヨーロッパが近代ヨーロッパの様相を整えたのは、ナポレオンが登場し、「余がヨーロッパである」と豪語した頃からである。そのナポレオンに蹂躙されたドイツ人にとっては不愉快極まりないことに、ベルリンまで占領された挙げ句にベルリン勅令、つまり大陸封鎖令を公布される始末。七つの海を支配するイギリスに対し大陸で海を封鎖するというナポレオンならではの作戦である。本当に封鎖されているかどうかはコーヒーでわかる。ナポレオンはイギリスの物価表をたえず綿密に調べた。イギリスで金が高くコーヒーが安ければ大陸封鎖の効果である。コーヒーがヨーロッパの大陸部に売れていない証拠である。

この時代、ドイツ人の多くは何らかの中毒に病んでいた。つまりビール中毒でないドイツ人の大半はすでにコーヒー中毒であった。反ナポレオン闘争に働いた「砂糖とコーヒーの世界史的使命」を指摘したのはカール・マルクスの『ドイツ・イデオロギー』であるが、ここではマルクスに入らずに「コーヒー中毒」に留まろう。

ナポレオンに蹂躙されたプロイセンは新たなドイツを作り出さねばならなかった。それにはまず軍制改革と大学改革である。近代ドイツを語る上で欠かすことのできない兄弟にフンボルト兄弟がいる。二人の兄弟が喧嘩しないようにと、兄ヴィルヘルムを文系に、弟アレクサンダーを理系に育てるという母親の教育方針をよく守って、ヴィルヘルムは外交官を皮切りに最後は言語学者として名をなし、弟の方は自然系の博物学者として名を残すことになる。

フランス革命が起きたのは、兄のヴィルヘルムがまだ学生の頃である。ヴィルヘルムは革命に感動し、ぜひパリに行きたいと願って家庭教師のカンペと連れ立ってパリに向かった。パリのパレ・ロワイヤル界隈では、いわゆるアジテーション・カフェで革命の進行が決定されている時代である。ヴィルヘルムはカフェに入り浸って、憲法制定議会の動向をリードするアベ・シェイエスらと親しく議論する毎日を過ごし、後年、ドイツにあって希有の「ジャコバン党員」と呼ばれる下地を作ったのである。

ドイツに戻ったヴィルヘルムは、ゲーテとシラーを主神として祀るワイマールに近いイエナ大学で、ここを拠点とする初期ロマン主義の人びとと親しく交わり、のちの大学改革に結実する下地を築いた。ヴィルヘルムが外交官となってローマのヴァチカンに駐在する頃、プロイセンはナポレオンに敗れ、フィヒテの有名な「ドイツ国民に告ぐ」の連続講演を受け、コーヒー中毒のドイツ人ばかりでなく、プロイセン全体がまるでパルチザンと化したかのように、総力を挙げて反ナポレオン闘争に立ち上がった。未来のドイツのために必要なことは、まず、大学改革である。プロイセン政府は当時バチカンでプロイセン公使をしていたヴィルヘルム・フンボルトを呼び戻し、内務省の高等教育局に据えた。ゲーテ、シラーを中心にワイマールに集う初期ロマン主義と呼ばれる世代の人びとのうち、ただ一人、哲学的理想を現実に実現する政治的力量を備えていたフンボルトは、わずか半年のうちに新設ベルリン大学の構想を練り上げ、一八一二年、ベルリン大学の建学を果たすのである。

しかしヴィルヘルム・フンボルトの教養理念がいかに優れたものであったとしても、本書で扱う問題ではない。われわれに関心のある問題はコーヒー中毒である。ヴィルヘルムと連れ立って革命のパリを訪れた家庭教師カンペは名門貴族の家庭教師の多くがそうであったように、のちの著名な学者となる。「言葉は覚えている」という名言は語源学者カンペの言葉である。一つ一つの言葉を探っていくと、人びとが忘れてしまったことが記録されているというのである。例えば、カンペが一八〇九年に編纂したそのドイツ語辞書にはじめて採録した「嗜好品中毒」という語は、コーヒー中毒に苦しむプロイセンが皇帝を筆頭にパルチザンと化した激動の年月の出来事を「覚えている」という具合である。

ところでドイツ人はコーヒーをカフェで、砂糖のこってり使われたケーキと一緒に飲んでいただけではない。ドイツの伝統とも言えるコーヒーの飲み方は、野外のコーヒー・ガーデンでのコーヒーの野点《のだて》である。先に挙げたフォスは、その飲み方のコツを、コーヒーに砂糖を入れて、木の枝でかき回すことと伝授している。ロビンソン・クルーソー的生活が「自然に還れ」を標榜する時代の先端モードなのである。

文化現象は、どこかの特定の国民の母斑を帯びた国産品であることは稀である。ロビンソン・クルーソー物語がヨーロッパ全土において土着性を獲得したのは、単にダニエル・デフォーの原作が各国語に翻訳されてのことではない。各国に、各国の言葉と文化に相応した「ロビンソン物語」が作り出されることによってである。

そしてドイツ人が熱狂して読んだ『ロビンソン・クルーソー』は、イギリス人・デフォーのオリジナルないしはその翻訳ではなく、カンペの書いた『新ロビンソン物語』だったのである。カンペは一般には語源学者としてよりも教育学者として知られていた。その『新ロビンソン物語』は教育的配慮の行き届いたものである。そもそもロビンソン・クルーソーの難破した船には何樽かのコーヒー豆もあった。しかしカンペのロビンソンは「いつかまた余計で有害な嗜好品に染まるつもりはない」のでコーヒー豆を難破船に放置して捨て去った。

フンボルトの作り出したベルリン大学の教養理念を論じる余地は残念ながらない。しかし嗜好品に関連してフンボルトらしい著作に一つだけ触れておく。パリで革命人士と親しく交わって帰国した二十五歳のフンボルトがドイツに帰って書き上げた『国家活動の限界を決定するための試論』。これは、自由と享楽を究極の目標として、自己形成を重ねる個々の人間に対する国家活動は限定されなければならないことを論じた長大な論文である。当時のドイツの政治事情はこの著作の公刊を許さなかったが、死後（一八五一年）出版され、今日リバータリアニズム（自由至上主義）の古典とされる著作である。われわれの問題に引き付けてその趣旨を平たく言い換えれば、タバコや酒やコーヒーなどの嗜好品は本来、個人の自由に委ねるべきであり、有害であるとか、奢侈品であるとかの理由を挙げ連ねて、禁止したり高税を課したりする国家の活動は、各個人の自由と享楽という人類の究極目的に照らして、制約されねばならない。「余計なお世話」というものである。個人の自由という啓蒙主義の理念を国家の統制の下に置いてはならないのである。

ポスト・ナポレオン世界のドイツとブラジル

ナポレオンの出現と失脚がコーヒーの世界史に与えた巨大な影響はブラジルの誕生であった。ナポレオンがポルトガルを占領し、ポルトガル王家はブラジルに撤退せざるを得なくなった。そしてナポレオンの失脚によってポルトガルの王家が再びヨーロッパのリスボンに帰るのであるが、ただで済まないのは、残された他のブラジル在住ポルトガル人である。彼らはブラジルの独立に向かう。一八二二年、ブラジルがポルトガルから独立した時からドイツとブラジルの特殊な関係が始まる。

ポルトガルから独立を果たしたブラジルがまずなすべきは、ポルトガルの武力干渉を阻止する軍事力の整備であった。そのための一番の方策は、ヨーロッパ諸国の軍隊経験を持つ士官や兵隊を即戦力としてブラジルに連れてくることであった。この「外人部隊」に関して、ブラジルが大きな望みを託していたのはオーストリアであった。時の皇太子（後のペドロ一世）の妃はハプスブルグ家の出であった。この妃のもとにはゲオルク・アントン・シェーファーというドイツ人が仕えていた。一八二二年、シェーファーはオーストリア及びその他のドイツ諸国に向けて派遣される使節の役を仰せつかった。その任務は、毎年四千人の兵員と移住者をブラジルに連れてくることである。しかしオーストリアは、ナポレオン以後のメッテルニヒ体制の本拠地である。ナポレオンを駆逐した神聖同盟の盟主であり、そもそもブラジルの独立に好感を持っていない。しかも神聖同盟諸国は新大陸への武力干渉に出る可能性もあり、アメリカは「モンロー宣言」を発して神聖同盟諸国の中南米への干渉を防がなければならなかった。このような事情のもとでシェーファーの兵員募集の任務はオーストリアでは期し難く、他のドイツ諸邦を頼りにせざるをえなかった。しかしプロイセンをはじめとするドイツ諸邦の多くは傭兵の募集を禁じていた。したがってシェーファーは、本来の目的である兵力を海外移住者に偽装させてブラジルに連れていくしか手がなかったのである。このような、移住者に偽装してブラジルに入国した狙撃兵は六年間の兵役義務があったという。

そのシェーファーが活動の本拠にしたのがハンブルクである。一八二四年、最初のドイツ人移住者がブラジルに渡った。ドイツ人移住者は、兵役後、ブラジル国王から原始林の開拓を許され、リオ・グランデ・ド・スル、サンタ・カタリーナ、パラナの諸州でプランテーションを開き、畜産や農業を営みながら、相互の強い結合の下に暮らしていた。ブラジルは広大な国である。ドイツ人はおいおいドイツから移住者を迎えながらその強い団結の下に自分たちの教会と学校を組織し、母語ドイツ語と風俗習慣を守り続けていた。ブラジル政府はドイツ人がそのような生活をおくることに支援してもいた。すでに一八二六年、ブレーメンの海外交易商人ギルデマイアーはこう記している。

ブラジルに住むドイツ人の力は時と共に非常に重要になるであろう。計り難いのはまたこうした事情および、この重大な時期に、ドイツ皇帝の娘をブラジルの玉座に導いたという好運な星回りが、まだ成立から日が浅く、住民にある一定の国民的刻印が欠けているように見えるこの国の将来の発展にどのような影響を及ぼすかである。これらの植民者は言語、生活様式、風俗習慣によって大西洋のこちら側のドイツ人と非常に近しい関係にあり、それだけの理由でもすでに、もし条件がある程度同じなら、他のヨーロッパ諸国とよりもドイツ人との商取引を優先するであろう。二つの半球のドイツ間には、本国イギリスとその北米の植民国家との間にあるような関係が成立するであろうし、そうすればドイツも植民地の不足を不自由と感じることもなくなるであろう。

ここには、自然発生的な帝国主義的拡張主義がある。

しかしまず見ておきたいのは労働事情一般である。ブラジルの経済活動は従来、膨大な数の黒人奴隷労働力に依存していた。奴隷輸送は次のような残忍なものであった。西アフリカのベニン湾からブラジルのサルバドール・ダ・バヒアへの二ヶ月の渡航の間に、一隻の船に二、三百人を数珠つなぎにされた奴隷の二〇パーセントが壊血病、飢え、非道な扱いのために死亡した。渡航の最初の夜には革を羽織った船乗りたちがラム酒に酔って船倉を訪れ、女性に暴行を働く。妊娠した女性はオリンダの市場でより高い値段で売れた。子を孕んだ牛が「利子」を意味するのと同じ扱いである。生き残った人びとの四分の一はひどく衰弱し、ひとりで船をおりることもできない。彼らの多くは、生きた死体というべき状態で岸辺に降り立っても南アメリカの大地を数歩歩んだところで斃れ、その上に南アメリカの土塊がかけられる。ブラジルの大西洋海岸の港湾都市には生き延びて大西洋を渡った人びとの体力が回復するまで閉じ込められた建物が今日に残っている。

生き延びた人びとの平均余命は七年だった。この苦しみはイエズス会の宣教師がイエス・キリストの受苦を教宣するのにおおいに有効だった。奴隷の苦しみを思わせる前例がある。奴隷が柱にくくりつけられて苦しむように、イエスも柱を背負って苦しみながらゴルゴタの丘を登るのだ。イエスは裸、お前たちも裸。イエスは殴られ、お前たちも殴られる。イエスには嘲弄が浴びせかけられる。お前たちもだ。お前たちはまさにイエス・キリストの似姿そのものだ。きわめてキリスト教的な理屈というべきである。少なからぬ黒人奴隷がキリストの苦しみを理解し、キリスト教徒となる。改めてキリストのまねびを説く必要もない。アフリカの奴隷海岸からブラジルに連れ去られた黒人たちはアフリカで信じていた神々を棄て、比較的スムーズにカトリック信仰に移ることになるのである。

しかし奴隷制は重要な転機に差し掛かっている。そもそもブラジル王国の成立当初から強い発言力を有していたイギリスは一八〇七年、自国の植民地での奴隷貿易を廃止しており、ブラジルにも奴隷貿易廃止を要求していた。ブラジルは一八三一年、イギリスと条約を結び、奴隷貿易の廃止を約束したが、当時のブラジル経済を維持してゆくためには奴隷は不可欠であり、その後も年間五万人の黒人奴隷が輸入され続けている。しかしそれもイギリスの強い圧力のもと、奴隷貿易は一八五一年を過ぎるとほとんど消滅した。

それを補うために、ブラジルは移民を必要としていた。それに敏感に反応したのがドイツであった。ブラジルのコーヒー輸入を一手に引き受けているのはハンブルクの商社である。移民という事業に対して、もしハンブルクが主導権を握り、コーヒーの出来る土地に移民を送ることができれば、これらの港湾都市国家にとって魅力的な事業であることは間違いない。事実、ハンブルクはドイツ人のブラジル移民計画を立てる。

一八四九年、「南ブラジルのドイツ人移民のためのハンブルク植民協会」が設立され、その結果多くの移民を送り出すのに成功した。一八二〇年から一九〇〇年の間に全部で一〇万一八〇〇人の数を数えたドイツ人移民の中には、フランシスコ・シュミットのように一九一八年に世界最大のコーヒー・プランテーションの所有者にのし上がった者もいた。しかしそれはあくまで例外的な成功譚である。

奴隷貿易は禁止されたとはいっても、ブラジルの奴隷制自体は一八八八年まで存続しており、そのような社会構成における移民の社会的地位は微妙であった。彼らは奴隷ではない。しかし、かといって土地所有者でもなかった。彼らは言わば半小作であった。入植者の収穫の半分が賃金として支払われ、あとの半分は土地所有者のものとなった。この奴隷と土地所有者との間の中間的地位はやがて幻滅を蔓延させるのに十分であった。

ほぼ順調に進捗していたかに見えるドイツ人のブラジル移民にはしかし一つ問題があった。ブラジルの気候はドイツ人には暑すぎたのである。衛生状態も悪い。プロイセンの大臣ハイトは、衛生上の理由をもって、ドイツ人が南国の不健康な国々に移民することを禁止した。それがくしくも一八五九年である。ちょうどこの年、極東、ヨーロッパから見て東の果て、古来、ヨーロッパでジパングという名でエキゾチックな憧れを掻き立てていた国が開国した。日本である。

プロイセンとジパング

プロイセン・ドイツが極東アジアにその存在を現し始めた。一八五六年に対デンマーク戦争に勝って以来、ドイツはプロイセン中心のいわゆる小ドイツ主義に基づくドイツ統一の道を歩み始めていた。小ドイツ主義とは神聖ローマ帝国の帝室であるウィーンのハプスブルク家を排除して、プロイセン・ドイツ中心で進める国作りのことである。しかしドイツがドイツ統一のリーダーとなるためには、オーストリアを圧倒する国威ある存在感を示さねばならない。世は海洋時代に入っている。海洋時代に自己の存在を誇示する最も手っ取り早い方法は、自国の軍船を海洋に浮かべることである。一八五九年、安政の五か国条約で開国した日本に、ドイツ・プロイセンは通商条約を結ぶために、早速遠征団を送った。

　このドイツの東アジア遠征には、新たな植民地探しの目論見が伴っていた。物騒な話であるが、当時のヨーロッパ列強は植民地獲得競争に明け暮れていた。ヴェトナムはウチ（フランス）で取るから、台湾はオタク（ドイツ）でお好きにどうぞといった話が独仏の間で取り決められていた時代である。ドイツが食指を動かしたのはしかしもう一つ別の島、ドイツ式の発音でイエッソ、日本語で蝦夷、のちの北海道であった。案件はいわゆるプロイセンの蝦夷植民地計画である。

　蝦夷《イエッソ》はプロイセンの探す植民地としてまさに理想的であった。プロイセン領事ブラントはまさにプロイセン人として、イエッソの気候がドイツに似ており、土地の衛生状態がいかに優れたものであるかを事細かに強調している。清潔で美しいイエッソこそドイツ・プロイセンの植民地にもっともふさわしい。それがブラントの信念であった。

　そもそも「似ている、似ていない」を決める感性は、民族性の根幹に潜む問題である。ドイツ語で「似ている ähnlich」とは「先祖（Ahne）のような」ということである。たまたまぶつかった見知らぬ土地が、まるで先祖伝来の風土に「似ている」とすれば、これはしめた話である。ましてや、プロイセンはドイツ騎士団の建国神話以来、極寒の土地への植民によって国力を蓄えてきた国である。寒さはお手の物である。イエッソがドイツに似ているということは、むろん、イエッソではコーヒーは採れないということである。しかしそれは大した問題ではない。イエッソではキャベツもジャガイモもできる。努力次第ではビールもできるかもしれない。これこそ、生粋ドイツ・プロイセン的産物である。コーヒーが栽培できないからといって、致命的な問題ではない。長崎にはすでに長らくオランダ人が住んでおり、オランダ東インド会社の大量に扱うコーヒーに事欠かない。アメリカ領事のもとに勤める通訳ヒュースケンはもともとオランダ人で、オランダ語、ドイツ語、英語を自在にこなす言語能力で人びとに重宝されたが、彼が幕末の日本で人びとに愛されたのは、彼の人好きのする人柄と相俟って、彼がいつでも日本在住のヨーロッパ人の欲しがるコーヒーを自在に調達してくれる貴重な人物であったからである。要するに幕末の日本はすでにコーヒーを自由にしていた。

ところで、日本にはコーヒーがあったとすれば、ヨーロッパ人が次に欲したのはカフェであったに違いない。この幕末の日本にカフェを開こうと考える人間がいたとしたら相当目先の利く人物であるに違いないが、それが、プロイセン領事ブラントの通訳を務めるハインリヒ・シュネルである。司馬遼太郎の『峠』で、長岡藩の河井継之助を助けて大活躍する怪商「スネル」である。シュネルが商売の拠点としたのは横浜であった。幕末の横浜といえば外人をはじめ多くの人びとの行き交う町である。異人や尊皇攘夷派に限らず、怪しげな危険思想の持ち主も多い。しかもグローバル化している。極端な例としては、国家秘密を漏洩した廉《かど》で国外追放処分を受けたシーボルトが世界最大と目されるアナーキスト、ミハイル・バクーニンと横浜で会談している。ところで、この種の人びとが情報交換をするにふさわしい場所は、カフェである。が、横浜には岩亀《がんき》楼《ろう》（遊郭）はあってもカフェはまだない。実際、一八六五年、カフェの開店許可申請が横浜外国奉行所に提出されている。その申請書に代書者として名を出しているのが、ハインリヒ・シュネルである。

残念ながら、このカフェが開店したかどうかは定かでない。この申請直後、シュネルは戊辰戦争の勃発によって会津藩を助けるべく会津若松に向かい、奥羽越列藩同盟のシュネル将軍として獅子奮迅の大活躍を強いられるからである。

プロイセンの蝦夷植民地計画に戻ろう。ブラントは一八六二年以来、足繁く蝦夷地箱館（函館）を訪れている。プロイセン人が函館七重村に農場を開き、ドイツ産のキャベツやジャガイモの栽培が大成功の兆しを見せ始めたのである。ブラントは喜んだ。これこそ、ドイツが探し求めている土地なのである。

一八六七年、ブラントが提出した「建白書」は、その三十年後に出版された回想録（『アジアの三十年——ドイツ公使の見たアジア』）とはいささか異なる気配を漂わせている。ブラントは蝦夷地の風土、住民の概説に加えて、蝦夷地がドイツの植民地としていかに適しているかを強調している。

しかもこの土地はまったく無防備である。守備隊の戦力は極めて脆弱であり、しかも武器の大部分は火縄銃。本隊は八〇〇名ほどで、箱館（函館）に宿営しているが、夜露を凌ぐ以上の備えはなく、兵舎は木造り、火を掛ければすぐに燃える。砲台には十六門の大砲が置かれているが、これらはおそろしく旧式の大砲で、防衛力は実質ゼロである。日本は現在南北に分かれて南北戦争を行っている最中であるが、そのため南軍北軍ともに戦力を日本の南半分に集中せざるを得ず、蝦夷地に戦力をさく余裕はまったくない。一度、ドイツの木造軍艦コルヴェットが函館ないし松前という要衝の地を押さえてしまえば、日本の軍隊には為す術もないだろう。そもそも日本には軍隊がない。藩兵はいてもまだ国軍の観念が存在しないのである。

蝦夷島は金銀鉄石炭木材硫黄が豊富に取れる他、海岸部では鮭、鯡《にしん》、鰯など、スコットランドで見かける乾燥魚として売る魚が獲れる。鯨も豊富で、食用の海苔、鮑などの海産物はすでにいまでも優れた輸出商品であるが、もっと多くの労働力を投入すれば、収益はさらに伸びるだろう。

蝦夷地はドイツ人の入植に関して、いささかの問題もない。気候はカナダや北米に比べて穏やかであり、ドイツ人には何の問題ともならない。危惧される風土病は天然痘であるが、天然痘に対しては、ヨーロッパはアラビアのラーズィー以来の知識と経験の集積を持っている。

ブラントの本題は具体的な移民計画の提案である。一八六二年から六四年までの数年間でプロイセンを離れて海外に出た人びとの数は毎年一万二千人に上るが、その多くは南米エクアドル、ニカラグアやロシアのような、ドイツにとって、経済効率の芳しくない国々への移住である。こうした移民の一部を日本に差し向けるべきである。過去数年の間に合計三万五千ないし四万のドイツ人がアメリカ合衆国に入ったことを思えば、この七分の一、ないし八分の一をイエッソに差し向けることはむしろ簡単なことである。イエッソに三万のドイツ人入植者が来れば、生活も、また新たにドイツ人を呼び寄せる魅力も十分備わるであろう。

　ドイツからの距離も大きな問題ではない。移民の出発地はイタリアはアドリア海に面したトリエステがよい。そこから蒸気船で三日、ないし五日で地中海を渡ってエジプトのアレクサンドリアに着く。当面はまだ鉄道でエジプトを通過し、スエズを越えてアデンに行く他ないが、やがて当時、掘削の始まったスエズ運河が開通すれば、この距離はおおいに短縮される。スエズから函館までは平均して五十日掛かるが、これはアメリカやオーストリアに行くよりも近く、かつ安価である。

　要はドイツは移民を断行すべきなのである。イエッソの防衛に必要な兵力はおよそ五千の兵員および十七門の大砲を装備した四隻、その他若干の輸送船を手配すれば十分だろう。日本の抵抗が大きいとは考えられず、一気に全島もしくは重要拠点を占領することが望ましい。他の西欧列強がプロイセンと同様の目的でイエッソの一部を占領しようとするのを牽制する必要があるからである。

　プロイセン公使ブラントはおよそこのような案を建議している。いわゆるプロイセンの蝦夷地植民地構想である。不気味な構想である。時悪しくも、日本は国家分裂の危機を抱えて武力抗争を始めた。国際的に見ればアメリカの南北戦争に続く日本の南北戦争、戊辰戦争である。ドイツは北軍に肩入れしそうな雰囲気である。

　戦争は内戦にせよ、対外戦争にせよ、おそろしく金がかかる。北軍は、傾いた戦争の趨勢を外国から傭兵を雇い入れて回復させようというシュネルの策を実行に移そうにも、先立つものは金である。この状況のなかで、浮かび上がるのが、いわゆる函館七重村や会津藩の差配する千島列島を担保とする金融交渉である。しかし、時のドイツ宰相ビスマルクはこの建議に一切反応しなかった。ブラントの案は、実に危険な要素を含んでいた。鉄血宰相ビスマルクはこの危険を熟知していたのである。

イギリスとロシアの間では世界的規模の抗争が繰り広げられている。クリミア戦争はすでに世界を真っ二つに分けて横断する戦線を形成する世界戦争であった。

大英帝国の船舶は長崎に寄港し保養の後、日本の海を航行して、ロシアのカムチャツカ半島のペトロハブロフスクに奇襲攻撃を掛けている。国際法上、日本は戦争の一方の当事者であるイギリスの軍艦を寄港させてはいけない。中立侵犯に当たる。しかし長崎奉行はそんな国際法の存在をまだ理解していなかった。日本の国際法知識の水準にはお構いなしに、世界はすでにグローバルな世界戦争の時代に入っているのである。

ビスマルクの「芸術」と見なされる外交術は大英帝国とロマノフ王朝の間隙をバランスを失することなく渡ることである。ロシア帝国が極東ロシアの植民をはじめ、サハリンに入植を始めたその時に、イエッソの植民地化を謀るなど、文字通り火中の栗を拾うようなものであった。ビスマルク外交は慎重この上ない、ほとんど臆病となじられかねないものであった。

しかしビスマルクのあとを引き継ぐ若いプロイセン国王、ヴィルヘルム二世はビスマルクとは対照的であった。若くて元気で、見栄っ張りなこの若者には、ビスマルクの慎重さはかけらもなかった。しかも悪いことにこのプロイセン王ヴィルヘルム二世は大英帝国のヴィクトリア女王の孫に当たる人物で、やたらと祖母に対する対抗心ばかりが強いのである。ともあれ当面、ビスマルクのドイツが日本の蝦夷地に本格介入することはなかった。幸か不幸か若い国王の示す「世界政策」は、ドイツをもう一つ別の植民地獲得の可能性を有する土地に向かわせることになったのである。黒人《ザンジ》の島《バル》である。

ドイツ人、とくに青少年の目から見ると、ジパングもザンジバルも遠い世界への憧れを掻き立てる青い海に浮かぶ空想めいた世界である。しかし、ジパングが世界の植民地獲得競争のグレート・ゲームに巻き込まれているのと同様、いや、それ以上にグレート・ゲームの真っ只中に位置するのがアフリカの黒人の島、ザンジバルである。

「土地なき民」の悲劇が始まろうとしていた。

第四章　黒い原点

カール・ペータース

ドイツ最大の植民地、東アフリカ植民地を作り上げたカール・ペータースは耕す農地のない土地なき民というわけではなかった。一八五六年、エルベ河畔のノイハウスに、牧師を父として生まれた。カトリック教会にせよ、ルター派新教徒にせよ、アフリカに身を挺してアフリカのキリスト教化に尽力することがキリスト教徒の美徳とされている時代である。カールの父はリヴィングストーンの愛読者でいつもその机の上に置かれていた『アフリカ物語』は次第に息子カールの愛読書となった。小学校に入学した金髪碧眼の少年は、すぐに先生になぜドイツには植民地がないのかと尋ねるようなおしゃまな少年であった。

しかしこの少年に本質的な教育を授けたのは、バルト海沿岸の狭隘な世界ではなく、大英帝国の首都ロンドンであった。ペータースはゲッティンゲン大学やテューービンゲン大学で哲学を学んだのち、ベルリン大学で歴史学の学位を獲得し、ロンドンの上流社会に身を置く伯父のもとで生活を始めた。ペータースの見るイギリスとは、イギリスとインド両国の女王として君臨するヴィクトリア女王、それを補佐するディズレリーの織り上げるイギリス・インド二重帝国を作り上げる大英帝国である。それは同時に、アフリカに支配を強めていくイギリスである。暗黒大陸の南端ケープタウンがインドとイギリスを結ぶ要衝としてイギリスのものになっているだけではない。ヨーロッパの歴史意識がつねに歴史の外部に排除してきたアフリカがその全容を現し始めた時、まさにそれは無尽蔵の宝物を地中に秘めた歴史以前の世界として暗黒の大地の出現と思われたのである。

地中海から見れば、エジプトがナイルの賜であることは一目瞭然である。しかし、その源流はどこかを探ろうとすれば、それはアフリカの黒土に消え去ってしまう。この奥には、むかしから現地の民が他との無駄な交際を避けて、幸福の国を描いていたというトゥログロディット族のユートピア伝承がある。しかし、まさにその聖なる黒土に踏み入ったイギリス人は、ナイルの源流を信じがたいほど大きな湖に見出したのである。まるで、大英帝国が歴史の源流に辿り着いたかのように、その湖は即座に女王に因んで「ヴィクトリア湖」と名付けられた。アフリカという無主の土地は、命名者としてのヨーロッパを迎え入れることになったのである。大きく変わろうとしているのは、歴史像ばかりではない。世界の表情が一変しつつあった。スエズ運河である。

バスコ・ダ・ガマの世界周航によって、世界には円形の表情が与えられたかもしれない。しかし、今やその周航曲線が直線的に結ばれようとしている。スエズ運河の計画は、アフリカの喜望峰を廻る世界周航を牧歌的過去として捨て去ろうとしている。スエズ運河を制する者は世界を制するだろう。ならばとばかりにイギリスがエジプトを占領したのは一八八二年である。そのイギリスでペータースは将来を思い描いていたのである。ペータースばかりではない。ドイツ本国全体もドイツの未来とドイツの使命を考え始めていた。

植民協会

ペータースが生まれた一八五六年という年は、ドイツ・プロイセンがデンマークとの戦争に勝ち、ドイツ統一戦争を始めた年である。それに続く一連のドイツ統一戦争を最終的には普仏戦争の勝利とドイツ帝国の誕生で締めくくったドイツの産業は、新たな強国として物資を要求していた。

産業ばかりではない。ドイツの市民生活のなかで必須のアイテムとなっているコーヒーを見るとわかりやすい。十九世紀はヨーロッパの舌を変えていた。コーヒーはヨーロッパ的食生活そのものとなり、ドイツの市民生活はコーヒーを要求していた。コーヒーは典型的な植民地産物である。イギリス、フランス、オランダなど、ドイツと国力を競い合い、大量にコーヒーを消費する国々を見れば、植民地コーヒーを持たないのはドイツだけではないか。なぜドイツだけが、代用コーヒーを飲み続けなければならないのか。植民地を持たないからである。普仏戦争開始直前の一八六九年にドイツ人は一人あたり年間二・二リットルのコーヒーを消費していた。フランスを打ち破り、ヨーロッパの大国に躍り出たドイツにコーヒーを産出する植民地がないのは不公平というものではあるまいか。「土地なき民」は「持たざる国」でもあった。

十九世紀のヨーロッパ先進国は、健全な国民生活を営む近代国家には健全な植民地があってしかるべきであると考えていた。ならばドイツにもコーヒーを産する植民地があってしかるべきである。一八八二年、ドイツ本国にもラインラント・ヴェストファーレン州とシュレージエン州の名だたる産業主とベルリンのディスカウント銀行が「植民と輸出を促進するための西ドイツ協会」を結成した。その中心メンバーはドイツ工業中央同盟の総書記ヘンリー・アクセル・ビュック、クルップ産業のフリードリヒ・アルフレート・クルップ、グーテホフヌング鉱山のカール・リューク、ゲルゼンキルヒェン鉱山株式会社のエミール・キルヒドルフなどの他にボーフム協会のルイス・バーレ、ラインラント・ヴェストファーレンの鉱山業を代表してフリードリヒ・ハマハーその他である。ドイツの国家欲動を代表するルール鉄鋼・石炭産業が新植民地の獲得に向かっているのである。

一八八三年、ドイツは西南アフリカ、アンゴラ湾にドイツ最初のアフリカ植民地を得た。この国際状勢をみてペータースはドイツへの帰国を決断をする。辛い決断である。というのも、イギリスで上流社会に入り込んでいたペータースの伯父が急死し、イギリスに居続ければその遺産が入るからである。しかしペータースは時代の子であった。彼にはゲルマン魂が息吹いている。当時イギリスのセシル・ローズが金を掘り当てたばかりか、その土地全体をローズに因んでローデシアと名付けたのだ。セシル・ローズのイギリスに拮抗する世界帝国ドイツを建設する夢はペータースに伯父の遺産を諦めさせ、帰国を決断させたのである。ペータースは行動が早い。十一月、帰国するや翌一八八四年、みずから五千マルクを出資して、賛同者を募り、それをスタート資金に「ドイツ植民会社」（八四年三月設立。資本金一七万六千マルク）を設立した。

さらに帰国して半年も経たない内に、今度はアフリカを目指して出帆しようと企てる。しかし行動が早すぎる。目的地が定かでない。で、何をなすべきか。コンゴ、アンゴラの南のモッサメデスからアフリカ内陸部に入る計画などを考える。しかし遅れて植民地獲得競争に名乗りを上げたドイツを待ち構えているのは、当然、どこに行っても既に先客がいることであった。大英帝国だけではない。フランス、スペイン、ポルトガル、オランダ、ベルギーが先進植民地主義国家としてアフリカに根を張っていたのである。

ペータースはイタリア・トリエステからザンジバル、ダルエスサラームに向かった。

ザンジバル

ようやくわれわれの歩み続ける道筋にザンジバルの名が見えてきた。本章が舞台とする東アフリカは現在ならば、タンザニアということとなる。タンザニアという国名は、二十世紀に入って、タンガニーカとザンジバルという国名が合体してできた。細部にこだわるようであるが、タンガザンジとならずに、タンザニアとなったのには、アザニアのアが加わっているからである。ギリシア人が黒い人びとの住む南西アフリカを差す言葉としてアザニアと呼んだ名残りである。暗黒大陸や黒人という名称に含まれる「黒」がどこか侮蔑的であるのに対し、アザニアに強調される黒は、美しく輝く黒と言えよう。マッカのカアバ聖殿を覆う黒い色やマッカの黒石の聖なる耀きを思うべきである。あらかじめ黒の美を強調するのは、本章は近代ドイツ史における黒人差別を話題にせざるをえないためである。タンザニアという名称にはさらにもう一つの黒が潜んでいる。前にも述べたが、ザンジバルのザンジはペルシア語の黒人の意である。ザンジの乱が本書の出発点であった。ザンジの島《バル》でわれわれを待ち受けているのは、新たなザンジの乱であろう。

ザンジバルは古来、白い象牙と黒い象牙（黒人奴隷）の交易で栄えてきた土地である。白い象牙の使い道は、ピアノの鍵盤、ビリヤードの玉、ナイフやフォークの柄、雨傘など、ヨーロッパの富裕生活層を思い浮かばせるものである。遠隔地の商品を獲得するためとあらば、いかなる努力も怠らないのが古来のヨーロッパである。そうした象牙を得るためにはむろん、象狩の技術の更新、つまり鉄砲を使った職業的象狩の発達が必須である。ヨーロッパの欲しがる象牙を獲得するためには象を殺すことも、象の墓場を荒らすことも平気である。しかし、アフリカのいくつかの種族にとっては象も象の墓場も神聖なものであった。アフリカのヨーロッパとの文化接触は、まず象社会を直撃していた。

一八八〇年代、毎年五七万キロの象牙が東アフリカからドイツに輸入された。これは、象の大きさにもよるにせよ、三千頭から三千五百頭の象が殺されていたとみることができる。白い象牙を扱う商人は古来、アラブ人であったが、歴史と共にヨーロッパの商人も入ってくる。ドイツからはハンザ同盟都市群の商人たちである。ハンブルクやブレーメンの商人はこれらの都市国家が海軍兵力を持たないことが好感をもって迎えられ、アラビアや中国などの港湾都市で活発な商業活動を展開していた。ハンブルクとプロイセンは、ドイツ史においては微妙なつかず離れずの関係を維持していたのであるが、普仏戦争後のドイツは陸軍国プロイセンと海運都市国家ハンブルクが合体して、海外商業活動を展開するに十分な海上戦力を備えた世界強国への道、「新航路」（ヴィルヘルム二世）の新たな世界政策を採り始めたのである。以上は白い象牙についてである。

黒い象牙を巡る交易、黒人奴隷貿易は一層深刻な歴史を抱えている。黒い象牙は白い象牙とは比べものにならない価値を潜めている。ヨーロッパを出港してアフリカから奴隷という商品を南北大陸や西インド諸島に運び、帰りにはサトウキビや綿花、無論、コーヒーも含まれる製品をヨーロッパに持ち帰る三角貿易は量からすれば大西洋を舞台にしており、歴史観がヨーロッパを中心にしている限りザンジバルはあまり人目を引かない。しかし以前、イスラーム世界のザンジの乱を見た時に触れたが、イスラーム世界の奴隷制度を支える商品奴隷の供給源はまさにこのザンジバルであった。ドイツは、遅れて発進した帝国主義国家ゆえに、イギリスとフランスとロシアに蚕食された後に残る東アフリカに行かざるを得ないのである。

奴隷貿易は資本主義を支えたと言っても過言ではあるまい。黒人労働は西洋世界の体力を動かす筋肉であり、資本主義の隆盛を支えたプランテーションは黒人労働なしには不可能であった（エリック・ウィリアムズ『資本主義と奴隷制』）。プランテーションの生産する商品は、サトウキビ、木綿、ゴム、トウモロコシ、なかんずくコーヒーなど消費国の日常生活が真っ先に必要とする大量の生活必需品であった。前にも触れたが、ハイチの奴隷の歴史を研究したアルフレッド・メトローは「アウシュヴィッツなしにはヨーロッパ人がアフリカ人にしたことは、決して理解できなかっただろう」と書いている。本書は、のちにアウシュヴィッツを詳しく見ていかねばならない。残念なことに、東アフリカ植民地に進出したドイツ人の行動は確かにアウシュヴィッツを用意していると言わざるを得ないのである。その意味では、黒人の島《ザンジバル》は歴史の不吉な縦軸横軸の交差する黒い原点であった。

ダルエスサラーム

話はペータースに戻る。彼は一八八四年十月一日、トリエステからオーストリア・ロイドの船で出港した。完成して間もないスエズ運河を通り一ヶ月でザンジバルに到着。ペータースらは、ダルエスサラームに向かうに先立ち、名望あるアフリカ研究者ロールフスを頼り、公式のドイツの代表者としてザンジバルに行き、そこで通商条約を結ぶよう手筈を整えていた。ザンジバルの領事となったロールフスは、ペータースにこの地をドイツの保護の下におくべきだと進言していたのである。しかしダルエスサラームに到着したペータースを待っていたのは、残念な知らせであった。ドイツ政府はこの地を保護領にする気はなく、ペータースらは通商のみに心すべしというものであった。

ビスマルクは事柄の危険性を認識していた。前章の蝦夷地植民地計画で見られるように、ビスマルクはこの時代の世界の力関係に敏感であった。世界はグレート・ゲームに没頭している時代である。ロシアの南下とそれを押さえる大英帝国ががっぷり四つに組み合っている世界である。モスクワのドイツ大使を皮切りに外交官として政治家デビューを果たしたビスマルクは、ロシアとイギリスのバランスを考えながら、その空隙にドイツの行くべき場所を探す。それがそもそもクリミア戦争の終結を計るベルリン会議でビスマルクの見せた外交術であり、また超大国イギリスを相手にアフリカ分割を調整するコンゴ会議でビスマルクの見せつけた凄腕であった。この芸術的外交術にとって、ドイツが独自にアフリカに手を出すことは危険極まりないものであった。ビスマルクはロールフスの進言に対して、ドイツ政府は一切援助しない、ペータースは一切信用がならない、手助け無用と伝えてきたのである。

しかしそんなことでくじけるペータースではない。新たな大陸を征服しようかと思う人間が瑣細な困難に出合ってオタオタしてはいけない。とはいえ、本国が支援しないという以上、手持ち資金には限りがある。予算の許すプロジェクトは一つ、東アフリカに照準を合わせることであった。文字通りの「無主の土地」である。名目上はこの土地はザンジバルのスルタンの下にあり、スルタンはイギリス領事の下に敷かれている。しかし、イギリス人の支配の仕方は伝統的に間接支配である。

ここは西南アフリカと違い、フランス人やベルギー人などといった、同じ獲物を取り合うライバルがいない。なによりも、この土地の権力関係が不安定なのが魅力であった。この土地には統一的権力がなく、スルタンの影響力はローカルに留まる。強大なマサイ族は北部をパトロールするだけで、海岸部を支配しているのはアラブ人である。土地の大部分はバントゥー族の比較的小さな族国に分かれ、それぞれ族長が治めている。これらの族長はアラブ人と交易はしているが、宗主権は保持している。ペータースはこの土地の不安定な権力構造にチャンスを見出そうとしていた。

ペータースはザンジバルでアフリカ大陸奥地の情報を集めた。まずはウサガラ遠征、学術的遠征の体裁をつけてでも内陸に入ることが肝心なのである。酋長への贈り物を潤沢に用意する。この種の土地柄は買収が一番なのだ。ガウン、布、キャラコ、真珠。とりわけアフリカの酋長たちが愛好したのは軽騎兵の上着であった。これらの贈与品を詰め込んで、ザンジバルのスルタンから紹介状を得た。出発に際してコーヒーを持っていくように言われる。族長を甘いコーヒーでたっぷりもてなす買収工作は効き目がある。このコーヒーの原産地でもあるこの土地では、たっぷり甘いコーヒーの珍味が歓迎されるだけではない。一杯のコーヒーを飲み交わすことが、昔も今も変わらず、人の付き合いの始まりなのである。

かくして少なくとも往きは大きなお祭り騒ぎである。すべてうまくことが運んだ。翌年にはサガラ族、エングル族、ジグア族、カミ族等々の十二人の族長がサインした契約書をペータースはドイツ本国に送り、この地域から経済利益を引き出すためにタンザニアの内陸部で民間資本の「ドイツ植民会社」を設立した。しかし保護領の件は、ビスマルクの深謀遠慮であろう。アフリカ分割の原則を取り決めたベルリン会議が終わった時点でこのことを公表、ドイツ皇帝ヴィルへルム二世の勅許を貰って、ペータースのドイツ植民会社に「ドイツ保護領東アフリカ」の統治を委託することを取り決めた。遅れた帝国主義国ドイツが国際社会に船出した。危険な船出である。

ビスマルク

ドイツ帝国はビスマルクの作り上げた帝国である。外交の天才と呼ばれるビスマルクとは、実のところ、イギリスとロシアの強さを熟知した政治家である。この両国の間で位置取りを誤れば、ドイツはたちまちバルト海の奥深い沿岸か、あるいはチューリンゲンの森深い山中をわが故郷としてひっそり暮らしているだけの国になる。その「古き良きドイツ」を後にして、「土地なき民」が世界市場を求めて世界に出た以上は、慎重にも慎重な判断を積み重ねなければならない。

ビスマルクは必ずしも植民地反対主義者というわけではない。ペータースの要請に対して冷淡な反応を見せたものの植民地獲得に対する熱意に欠けていたわけではない。ビスマルクがいつも強調していたのは、植民運動は国民的熱狂に支えられていなければならないということであった。しかし、ビスマルクのビスマルクたる所以は、民衆的熱狂に対して慎重かつ冷静に構えていられたことであった。イギリスの脅威を誰よりも知っていたのである。

大英帝国、つまりイギリス・インド二重帝国にとってインド植民地の確保は至上命題である。イギリスとインドの間にはしかし、予期せぬ危険が生じる可能性がある。アフガニスタンが倒壊しロシアが南下を始めるとか、あるいはオスマン帝国が強大化してイギリスとインドの間に聳え立つ障害となるとかである。さらにまさかとは思うが、例えばヨーロッパに全く新しい国、国民帝国というべき強国が誕生して、オスマン帝国と同盟関係を結び、イギリスとインドの間にくさびを打ちこむような事態が生じるとすれば、驚天動地というべき事態である。まさかとは思うが……しかし、世界政策に関しては慎重であったビスマルクが退いた後、その後任者となる若者は、まさにそのような方向に向かって世界政策の舵取りを行うのである。

ヴィルヘルム二世

一八八八年、ヴィルヘルム二世は戴冠するやドイツ帝国主義を体現する王として振る舞いはじめ、早速「世界政策」を打ち上げ、「新航路」を取った。

世界列強に名を連ねるという欲望は、この王のＤＮＡに巣くう欲望であったかもしれない。ヴィルヘルム二世の母方の祖母は大英帝国のヴィクトリア女王に他ならない。母つまりヴィクトリア女王の娘はこの大それた息子の欲望を訝しげに見ていた。それどころかヴィルヘルム二世を嫌っていたとも言われる。母との軋轢を抱えたこの王はすぐれてドイツ的な帝王であった。左腕が出生の時から麻痺していた。しかし王者の左腕としては十分、存在を発揮した。右手を振り回して演説する時には左手がじっとしていることが、カイザー髭と相俟って威嚇効果を発揮したのであった。

　ドイツ・プロイセンは海に出ようとしている。バルト海の出口ともいうべき位置にヘルゴランドという島がある。昔、ハイネが訪れたことで有名になった程度で、歴史に頻出する地名ではないが、海洋時代に入った世界にドイツの艦隊が出て行くためには、絶対に必要な島である。この島はしかし長らくイギリスに帰属しており、対デンマーク戦争の折、イギリスは中立を守ったもののドイツが自由に使うこともできず、苦戦する大きな原因となった。ドイツの世界進出にとって目の上のたんこぶというべきユトランド半島を越えて北海から大西洋に出て行くためには、この島の確保は必須であった。

　ドイツは、ヘルゴランドをイギリスから獲得するための交換にザンジバルを手放すことも躊躇《ためら》わなかった。この交換により、ヘルゴランドを手に入れたドイツは自由に「新航路」を追求できることになった。しかもドイツの取る「新航路」は様々な海に通じていた。ドイツから見た東海（バルト海）、ドイツがドイツの海と名付ける北海とその先に大西洋、アフリカ喜望峰を彼方にインド洋、さらに太平洋。その他にも黒海、紅海、黄海といろとりどりの海がある。その方向に「新航路」を取るという以上、この不吉な色合いは深まるばかりである。世界はグレート・ゲームの最中なのである。

　ここで言うグレート・ゲームとは中央アジアの覇権を巡るロシアと大英帝国をプレーヤーとする世界的抗争のことである。巨大なプレーヤー・ロシアはいわゆる南下政策を展開している。その要衝は神話の昔から変わらない。神話的なトロイア戦争の時代から、いつも最たる危険地帯はボスポラス海峡である。この狭い海峡の自由通過は絶対にイギリスの許すところではない。そして、ダーダネルス海峡。こちらは昔はヘレネー海峡と呼ばれていたその名の通り、ギリシア人の海である。この二つの海峡を完全に封鎖されている限りロシアに勝ち目はないと思えるが、実はもうひとつの可能性がある。非常に大回りだが、ペテルブルクからバルト海を通過して北海に出、それから大西洋とインド洋、さらには太平洋や東シナ海に出る航路である。『坂の上の雲』の小説やテレビドラマを通して司馬史観を共有している日本人にはすぐに予想がつくように、目指すは朝鮮半島である。二十世紀の初頭、中国は義和団事件で揺れていた。ロシアがこの動乱に乗じて、日本と中国と韓半島に囲まれた黄海に出る可能性があった。

この危険性ゆえに大英帝国は日本と日英同盟を結ぶことになる。一九〇二年一月三十日、調印、即日発効。この条約のために、ロシア・バルチック艦隊がバルト海を遠く離れ、ヘルゴランドにもアフリカ南端のケープタウンにも寄港できずに、遠路、対馬海峡に辿り着き日本海海戦で大敗北を喫することになるのは、日本人の大好きな物語である。

ところで、ボスポラス海峡、ヘレネー海峡、バルト海、対馬海峡で、ロシアの出てくる可能性はすべて数え上げられたであろうか。アダム・オレアーリウスの『新オリエント旅行記』を読んだことのあるわたしたちは思い出すのだが、辺境のシュレースヴィヒ・ホルシュタイン公国がモスクワの援助を受けて陸路を辿ってペルシア湾岸のサハヴィー朝ペルシアに出た道があるのである。つまり、仔細に地球儀を眺めてみるともう一つだけ微妙で危険な通路がある。黒海からボスポラス海峡もダーダネルス海峡も通らずに、直接インド洋に出る通路である。ロシアからアフガニスタンを越えてペルシア湾に出る、ロシア人の言う「ペルシア回廊」である。ちなみにこの危険故に、シャーロック・ホームズと初対面した時のワトスン博士は遠いアフガニスタンに出征して負傷していたのである。もしアフガニスタンが国家崩壊を起こしでもしたら即座にイギリス・インド二重帝国に危機が迫る。このグレート・ゲームの最中、アフリカを押さえておくことは、イギリスの死活問題である。しかし、それを知ってか知らずか、アフリカに進出したドイツは結果としてイギリスを脅かしていくことになるのである。

ヘルゴランドとザンジバルが交換されたことは既に触れた。インド洋上に浮かぶザンジバルが大英帝国の世界政策にとって絶対必要と考えるイギリスと、バルト海に浮かぶヘルゴランドを、日の当たる場所に出ようとするドイツの「新航路」世界政策にとって重要であることを認識した両国が交換に合意したのである。しかし、世界は歴史のかつて経験したことのない大きな戦争の勃発に向かいつつあった。そしてそんなきな臭い空気のなかで、ドイツはコーヒー・プランテーションの夢の実現に向かっていたのである。

コーヒー・プランテーション

コーヒーの生育に適した土地はどこか。「ドイツ東アフリカ植民協会」はオスカー・バウマンを派遣して、適地を探させた。選ばれた土地は海岸に近く、水も豊富で人口密度も少ない東アフリカの陸地に位置する東ウサンバラの丘陵地帯であった。一八九二年から九八年にかけて、ドイツではコーヒーをはじめとする各種のプランテーションを営もうという泡沫会社の乱立した時代である。新たな人生を築こうという夢を植民地のコーヒーに託す熱い思いがほとんど狂気のように人びとの心を捉え、熱気で煽ったのである。

資本金五〇万マルクから一八〇万マルクほどのコーヒー・プランテーション会社がベルリン、ハンブルク、ケルン、デュッセルドルフ、エッセンなどに競うように設立され、「ドイツ東アフリカ協会」自体もその傘下に「ドイツ東アフリカ・コーヒープランテーション会社」を設立した。東アフリカのドイツ領事も全力で土地確保に奔走した。ライン交易プランテーション会社は二万ヘクタール、サッカレ株式会社は五千ヘクタール、ウサンバラ・コーヒー栽培会社は四千ヘクタール、ドイツ東アフリカ・コーヒープランテーション会社は一万三千ヘクタールの用地を所有していた。

早急に解決が求められたのは、輸送機関であった。コーヒー・プランテーションの設立予定地には、船舶の航行可能な河川がなかった。残る手段は鉄道敷設である。これはルール地帯の石炭鉄鋼産業の望むところである。大量のコーヒーを運ぶためにまず、モンボから海岸のタンガへの一二九キロに線路を敷く必要がある。民間の東アフリカ鉄道会社創設は一八九一年十月。まず海岸のタンガからムへサへの四〇キロが開通した。しかしこの線路区間には見るべき産業がない。営業を開始したものの鉄道会社はたちまち赤字に音を上げる。しかし会社を潰すことはできない。「コーヒー線」を潰すことは、多くのプランテーション所有者を見放すことである。しかも、ドイツが植民地に敷設した鉄道を潰すことは、ドイツの国威と国民感情の点でも問題であった。結局、会社は一八九九年に国有化された。当初より予定されていた一二九キロの路線が全線開通したのは一九〇五年二月であった。

しかし成績は思わしくない。収益率が悪い。東アフリカ植民地がコーヒーを産出するちょうどその時期、世界のコーヒー生産高の九〇パーセントを産出するブラジルが生産過剰の傾向を見せ始めたのである。ブラジル・サントスのコーヒーは、一九〇三年七月には五三マルクの底値を記録した。東アフリカ植民地は苦闘していた。ドイツ東アフリカ植民地には六〇六ものコーヒー・プランテーションがあった。しかし最大の問題は、せっかく収穫期を迎えたコーヒー豆を刈り取る労働力が確保できないことであった。

資金もある。用地もある。しかし労働力が決定的に不足していた。ドイツ東アフリカ植民地には、面積にして一〇万六二九二ヘクタールのプランテーションがあり、そこに住む黒人の人口はおよそ七五〇万であった。にもかかわらずプランテーションの所有者は労働力の確保に苦労した。

この労働力不足には無理からぬ事情があった。十九世紀の最後の四半世紀にドイツ人がやってくるまでこの土地では奴隷売買が行われていた。黒と白の象牙の集散地はザンジバルであった。黒人原住民にとって、労働のために家族と故郷を離れて海岸部のプランテーションに赴くのは「奴隷狩り」の記憶に直結していた。ルワンダとウールンディの住民三五〇万は山岳民族であり、畑仕事に向いていない。マサイ族のように狩猟で生活する民族は畑仕事をやらない。すでに街に住んで、荷物運搬その他の職務に携わっている住民は、プランテーションで働く理由がない。

族長その他の黒人社会の名士とその家族もまたプランテーションでは働かない。全人口の七五パーセントは女性と子供と老人であり、残りの、プランテーション労働に適した年齢十五―四十歳の男性の総数は七五万から八〇万にすぎなかった。

一九一三年の統計では、九万二〇〇〇人、つまり右の数の八分の一がプランテーションで働いていた。ドイツが購入しているプランテーションのための用地は全部で五四万二一二四ヘクタールあったが、実際に九万二〇〇〇人の労働者の働くプランテーションは、そのおよそ二〇パーセントにすぎない。計画された全部のプランテーションが機能するためには、計算上、全住民労働男性の二人に一人はここで働くことを前提にしている。この労働事情とドイツ人の期待するプランテーション経営策との間には極端な無理が山積しており、そこから新たな災厄が生まれ出ることになるのである。

カーフィル化

コーヒー豆をアフリカ東海岸部のスワヒリ語でブニと言う。本書は、コーヒーの起源をエチオピアのはるか奥地に産するブンという食べ物がイスラーム圏に伝えられ、その豆の出し汁として飲まれるようになったコーヒーがイスラーム・スーフィズムを介して世界に登場したと考えてきたが、われわれはようやくその起源的な風景に到着したようである。しかし雲行きは怖ろしく悪い。ドイツ帝国主義に限らず、ヨーロッパ諸国の植民地支配は、そこから諸々の災厄の出現するパンドラの箱となる。

ドイツ語にコーヒーとの関連を思わせる「フェアカッフェルング」という言葉が残っている。日常使われる言葉ではないが、ドイツのアフリカ支配の歴史文献に出てくる語である。フェアカッフェルングの意味は「コーヒー化」ではない。「カーフィル化」とでも訳す他ない語である。バントゥー語族の地域で非イスラーム教徒の土地に住む人をカーフィル人という。カーフィル人という言葉が「貧しい農民」の語感を含んで土地原住民を示す言葉としてバントゥー語を介してオランダ語に入ったのだ。カーフィル人との接触がドイツの近代史が不吉な展開に向かう原点である。

ドイツ植民地建設の努力は、前節で見たようにドイツ人と現地住民との間にイビツな形での接触を余儀なくした。当時のドイツの五倍もある土地に入り込んだドイツ人は一九〇四年の段階でわずか五四九五人であった。この数でドイツ人は数の上では圧倒的に多い黒人と一緒に住み、協力して暮らしていかなければならなかった。しかも入植白人が大金を叩き生活を賭して買い込んだ土地で、黒人にはしっかり働いて貰わねばならない関係を保ちつつ共に仲良く暮らすというのである。そうした関係が何を結果するかは想像に難くないだろう。ムチを使うか、言葉で説得するかは別にしても、完璧に支配しなければならなかった。数の上での圧倒的少数民族は、完全に支配することのできる「支配民族」たることを強要されるのである。

カーフィル人は、もとはアフリカ原住民の中でももっとも知的で体格も優れた「高貴なる野蛮人」

であった（カール・ポランニー『大転換』）。自分の生まれた村落で、他の誰にもまして社会的に安全であると感じていた彼らが、「どんなに落ちぶれた白人でも着ないような不格好できたならしく醜いぼろきれ」をまとい、半ば家畜化した人間の変種、自尊心と規範をなくした得体の知れない奴隷的存在、文字通りの人間のくずへと変えられてしまったのである。

零落するのには理由がある。ヨーロッパ社会が彼らの古来からの世界を侵食してしまったからである。部族を治めていた族長の権威は消え去り、彼らの世界であった大地はプランテーションという見知らぬ原理で動く経済単位となり、生活に絶対の安定感を与えていた村落が破滅させられ、古来の共同体の崩壊は個々の構成員をしてバラバラに働くホモ・エコノミックスと化さしめる近代的経済世界への大転換へと強いる。大地は売買される商品となり、彼らの生活自体が時間単位で支払われる労働時間として細分化されるのである。これら新しい生活原理は原住民には理解不可能な「文化的真空」を造成する。

ドイツ語の「カーフィル化」とは、ドイツ人がカーフィル人と同じになってしまうことへの恐れを表す言葉である。白人（ドイツ人）に自らがカーフィル人化することへの恐れが生じる直接の切っ掛けは現地女性との性問題である。前に上げた五千余人の入植ドイツ人の九〇パーセント以上は原住民の女性と内縁関係にあったと言われる。黒人の女性と一緒になったドイツ人男性は、実際に結婚しているか同棲関係であるかを問わず、微妙な立場となった。人種の混淆をハイブリッドな新時代として歓迎する気配は、かけらもない時代である。問題解決のためには、結婚の意欲のあるドイツ人女性が大量にアフリカに渡ってくることが是非とも必要である。しかし問題解決の糸口は開けない。資産のないままアフリカに渡った移住者の多くはいわゆる「カーフィル化」に落ち込んだ。西南アフリカでも東アフリカでも、カメルーン、トーゴでも問題は同じである。異種結婚についてドイツの国会は重大な関心を示したが、ヴィルヘルム二世は異種結婚に絶対反対で、国会も結局、これを法をもって禁じた。

カーフィル化とは要するに、白人が目に見えてサブシステンス（必要最低限自給自足の生活）の水準に落ち込み、交換価値を生み出す商品生産活動から排除されてしまうことである。アフリカの原住民の世界に近代ヨーロッパの生活スタイルを入れるということは、外来の鉄道・情報、貨幣システムが土地固有のサブシステンスそのものを破壊してしまうという点でより一層タチが悪かった。

入植中間層は、絶えず不安定な経済条件下にあるため、皮膚の色によって一見保障されているかに見える階級的ポジションだけが決定的な支えであった。白人にとどまるか、カーフィル化するのか。植民地において人類学的な構成によって表現されている階級構造は、白人のコンセンサスによって作り出された。肌の色の白い人間は即、最上の社会層の代表者であり、支配者の位置を保持できる一方、肌の黒い原住民は即、社会の最下層を構成する人種とされる。白人と黒人の肌の色の差異が決定的な差別基準として社会構造に根付くのである。

人種差別の発生

コーヒー・プランテーション所有者は原住民が賃金労働をこなせるまで教育する必要があった。原住民を労働にむけて教育するとは、「労働が文化の根底」であるということを理解させることである。「働かざる者、食うべからず」とヨーロッパ人の崇める聖書には書いてある。人間たるものは労働のために生まれているのである。したがって、牧師の息子であり、金髪碧眼のドイツ人カール・ペータースのような学位持ちの植民地主義者は「原住民をわれわれの経済システムにむけて教育する必要」があると訴えた。カーフィル化を防ぐ要は黒人の教育だと白人は考える。東アフリカ植民地のドイツ人が最初から直面した問題は、黒人をどのようにしたらプランテーション労働者に育てることができるかであった。

すでに一八八五年八月にはドイツ東アフリカ植民協会は「いかにして黒人《ニグロ》をプランテーション労働にむけて教育するのが最適か」という、懸賞論文の公募を行った。懸賞金を獲得した論文の中身は、およそ想像できる。暗黒の大陸の大地に埋もれる富をいち早く地上に掘り起こし、そして彼らをそのような労働者に育ててくれたドイツ人への感謝を忘れず、ドイツ社会への依存に留まることが重要であり、等々。さらに商品生産社会の意味において、自分達を奴隷のように感じてはならないし、奴隷の扱いを受けていると思わないように云々である。

労働が人間文化の基礎であり、労働と所有こそが大事なのだとする白人の意識は、これが、異なった歴史と文化にある人間には通用しない考え方であるかもしれないとは想像しようともしなかった。労働こそが人間を人間にするのであり、異なった民族の間に橋を渡すのだ。教育を受けた中国人、あるいはアメリカの原住民が北アメリカでできていることをアフリカの原住民にできない筈がないではないか。

黒人種は白人種が理解した同一労働、同一賃金の原則すらわかろうとしないのか。黒人種は白人種に二〇〇〇年遅れている。普通に、真面目に働く白人労働者の心に徐々に黒人に対する差別意識が根を張り始めた。

マジマジ反乱

一九〇五年七月三十一日、東アフリカのキルワから遠くないマトゥンビの山中で反乱が生じた。反乱はこれまでも度々起きており、総督府はこの種の動きに神経を尖らせていた。しかし一九〇五年七月に届いていた反乱の噂は無視され、これが大きな反乱の予兆であるとは誰も信じなかった。しかしながらこれは、結果として見れば、植民地に暮らすヨーロッパ人すべてがまったく予想だにしなかった破局、大反乱となったのである。

すでに一九〇一年、ドイツ東アフリカ植民地総督府は、原住民を労働に駆り立てる方途として苛酷な税を導入して反撥を買っていた。ドイツの導入した家屋税は男も女も区別することなく働かせる妙案であったかもしれない。が、黒人にとっては、この非現実的な計画は家族の経済に深刻な影響を与えるものであった。さらに総督府は一九〇五年五月一日、綿花プランテーションの規模拡大を計り、そのための豊富な労働力を確保するために、制令を発して綿花プランテーションの強制労働を実行した。

総督府は労働監視のためにアラブ・アフリカ系の冷酷無比な郡長を配置していた。綿花プランテーションの賃金は安い。綿花農家の実質の年収入は一七ペサであり、そのうち郡長が三分の一を自分の取り分にする。一九〇五年初頭から労働拒否が広がり、これに対して郡長の殴打の罰が繰り返された。以前からアラブ人のアフリカ人に対する態度は軽蔑的で高慢であった。原住民の最初の抵抗は綿花の根を抜いて、プランテーションを荒廃させることであった。原住民の反抗は次には植民地の南東部分全体、ダルエスサラームからニュッサ湖に至る全域に広がり、税金と綿花とに関わる一切に対する反乱となった。

植民地政府は郡長によるアフリカ農民への乱暴を憂慮していた。しかし遅きにすぎた。マジマジ反乱はいかなる抑えもきかなかった。郡長のせいばかりではないのは確実である。全責任はドイツ人にある。植民地支配者、郡長、アスカリ（原住民兵士）、アラビア人とインド人の商人、そしてキリスト教宣教師に対する憎しみは、これまで一緒になって戦ったことのない十二部族を一つにまとめ上げ、マトゥンビに集結させ、マジマジの登場となるのである。

アフリカには古来、神ムングがこの世の秩序を回復するために大きな蛇・コレオを送ったという蛇崇拝が存在していた。この蛇崇拝は一九〇五年以前、戦闘行為で大きな役割を果たしたことはなかった。自然災害の予防対策として姿を現していただけだったのである。自然災害とは干魃のことであろう。この蛇崇拝は、日本の雨乞いで竜神に祈りが捧げられるのと同じと考えられる。全体としてこれは古来のコレオ・蛇崇拝の復活であった。アフリカの大地に侵入してアフリカの住民を支配するドイツ人とその制度が、天災のように受け止められたのである。

近代兵器を装備したドイツの守備隊に立ち向かう勇気を黒人住民に与えたのはマジという魔法の水であった。マジとはスワヒリ語で水のことである。蛇神の使者に憑かれた予言者キンキテヴィテレが霊的権威としてコレオ崇拝の復活をリードし、マジを考案した。これは一種の医薬品で、マジにトウモロコシを入れ、モロコシシロップを垂らしたこの混合液を人びとは小さな竹筒に入れて持ち歩き、体に注ぐと、ヨーロッパの侵略者の機関銃から守られるというのである。

この古来の象徴を復活させることで、反乱暴動の指導者たちはたちまち信じがたいほど数多くの戦士を動員できたのである。戦士には、宗教行事の祭事に関わる際の禊ぎのような、性交渉を慎み、赤色の肉を食してはならぬなどのタブーがあった。これは祭りなのか、儀式なのか、反乱なのか、あるいはもしかしたら戦争なのか。一九〇五年八月になってドイツは反乱にどう対処するかを決定し、ダルエスサラームから軍隊の出陣を要請した。以後、戦闘は長期にわたる。不可思議な騒乱は戦争の形態を帯び始めたのである。

反乱軍は八月ルクレディ渓谷の県庁を占領したが、一方キロサの戦いには大敗した。さらに三週間にわたってマヘンゲ県庁を包囲したものの結局占領できないまま、その間に到着した新手のドイツ軍の機関銃によって蹴散らされた。十月にはソンゲア地方のンゴニ族がドイツ軍の前に敗退する。総勢五千人のンゴニ族の軍勢のうち銃を持っていたのは二百人でしかなかった。翌年六月には一万の軍勢を持つベナ族が壊滅させられた。マジマジ反乱は土地住民を極端に減少させる無惨な結果を残して終息した。

東アフリカ植民地の再建は、ドイツ本国の最重要課題であった。ビスマルクの後を継ぐ首相ベルンハルト・ビューローは帝国植民地大臣ベルンハルト・デルンブルクを東アフリカに派遣したが、こちらは東アフリカを再建するために、彼がもっとも信頼を寄せる友人でもあり、またドイツ経済界の有するもっとも優れた知性に同行を求めた。ドイツを代表する電機メーカーAEGの御曹司であり、当時ベルリン通商会社の社主でもあったヴァルター・ラーテナウは、ちょうどこの時期ベルリン通商会社から身を引き、文筆に生きるか政界に進出するか去就に迷う最中であった。そしてラーテナウは東アフリカに同行することを快諾して、政界への第一歩を記したのである。

一九〇七年七月十三日、ベルリンを出発し、ナポリ、スエズ運河、そしてアデンを経てダルエスサラームに到着。八月二日から十月十三日まで、マジマジ反乱の経緯、住民の母崇拝や蛇崇拝などを聞いて廻り、そしてなかんずく、コーヒー・プランテーションをはじめとするドイツの東アフリカ植民地経営の実態を視察して回った。ラーテナウはドイツ人植民者の行為に憤激した。アフリカ到着の最初の日に、白人が河馬を叩く鞭で黒人と意思疎通を行っているのを見せつけられたのである。

大会社の御曹司として生まれながら、遺産としてその地位を引き継ぐことを忌避してアフリカに渡ったラーテナウはある不安を感じたようである。資本主義に関する不安である。アフリカは奴隷的労働に勤しむ黒人を現代社会の賃金労働者に育て上げなければならなかった。しかし賃金労働者は奴隷とどこが違うのであろう。

ラーテナウを最も奇異な気分に浸したのは、「労働市場《アルバイツマルクト》」という言葉であった。労働力を市場に並べて、一時間を例えば八五〇円で売るという「労働市場」が、ラーテナウにショックを与えたのである。労働（時間）が商品として市場の店頭に並べられ、一皿いくらで売られる社会になったのだ。タイム・イズ・マネーとイギリス人は言う。しかしドイツ人にとっては「時は血」（ビスマルク）なのだ。それを切り刻んで売り買いする社会になったことにショックを受けたのである。

マルクスの『資本論』は、人間が労働力という商品の売り手となって、都市の街路に散在している風景を描き出している。人間の機械化、それに伴い経済社会において人間が労働商品として労働市場に陳列される商品となるのはその社会現象の一つでしかない。マルクスはしかし間違えているると、のちにロシア革命を経験したラーテナウは考える。生産手段を誰が所有しているのかなどどちらでもよいことである。人間の生き方を最終的に統括するのが、ロックフェラーという資本家であろうと、労働者と農民のためを標榜するソヴィエト労農国家であろうとまったく違いがないのではないか、と。

マルクスは労働を商品として見た。そしてこれに対してラーテナウは異議を申し立てるのである。労働力を商品として説明することが、事実上、資本主義を無害化してしまい、間接的に資本主義を支えてしまい、社会主義を格下げしてしまうことに通じるとラーテナウは考えるのである。労働とは生き方なのだ。そして生き方は切り売りできない。ラーテナウの思想はもっと深化されてもよい。しかしラーテナウにはその時間が与えられなかった。政治の舞台に登場するやいなや、暗殺されてしまうからである。

偉大なる戦争

マジマジ反乱は近年の研究ではマジマジ戦争と呼ばれるようになった。そしてマジマジ戦争は、その神秘的性格よりも実は、それを制圧するドイツ側の残酷さで際立っている戦争である。たしかにドイツ側はラーテナウとデルンブルク紛争処理とその後の善政を言い募ることもできるかもしれない。しかし長い目で見ると、結局、ラーテナウの暗殺に至るのがドイツの史的展開である。その後の展開、つまりヒトラー・ファシズムを選択するドイツの近未来を考えると、マジマジ戦争には不気味な兆候が現れている。

マジマジ戦争はドイツ東アフリカ領の経済に壊滅的な打撃を与え、ドイツの派遣した海軍の前に瓦解したかに見える。しかし戦争は終わっていなかった。原住民のゲリラ戦は一九〇七年まで続いた。

ゲリラの掃討に一番有効な作戦は焦土作戦であった。焦土作戦は、古来の戦争の根本案件であった兵士と一般住民との区別を解消してしまう。ドイツ軍の採った方策は現地人を一ヶ所に追い込んで殲滅する作戦、皆殺しである。一般の市民住民が兵士と同じように扱われ殺される時代が到来するのである。マジマジ戦争は戦争の質を変えてしまった。戦争が国家主権の発動であり、一方の国家が勝利を宣言し、一方の国家が敗戦を認めれば、戦争が終わるという意味での内閣の主導する戦争の時代は終わったのである。国家の政権を担うと称する人々が何を言おうと戦争は終わらない。ゲリラ、パルチザン、あるいはテロリストと呼ばれる存在が動いている限り、戦争は継続される。戦争と平和との間の区切りが消滅してしまったのである。

ドイツ軍は抵抗する村の家や畑を焼き払い、そのために生じた飢饉や徹底的な掃討作戦のために十万とも二十五万とも言われる命が失われたという。現在のタンザニア連合共和国の南部には幾多の動物保護区があるが、その土地は本来、マジマジ戦争に加わって追い散らされ、あるいは「殲滅」された住民の住む土地であった。

マジマジ戦争は人種殲滅戦争の形を取っている。しかし、ここにはさらに一層不気味な論理が姿を現す。人種殲滅戦争の形を取る反乱鎮圧は東アフリカ植民地のマジマジ戦争だけではなく、西南アフリカのヘレロ反乱でも行なわれた。しかし原住民を殲滅させたり、逃散させたりするのは経済的理性に悖《もと》る行為ではないだろうか。住民は牛や馬と同様に大事な「動産」ではないのか、という議論が軍隊主導のアフリカ経営に対して起こるのである。この「動産」が死滅したり、ドイツの領土を去ってイギリスの領土などに逃げ込めば、この「動産」はそこで、牛や馬を飼うという「労働」に使用され、結局、ドイツの敵の経済に資するだけではないか。

すでに触れたように、白人の教育的努力は黒人を白人並の労働に耐えるべく育てるのを目標としていた。黒人の労働の程度がまだいかに低かろうと、当面はまだ、家畜を引き回したりすることには使用可能なのであり、その黒人を絶滅させるというのでは、貴重な労働力をドブに捨てるに等しい。

当時の西南アフリカの知事ははっきりと言明している。六、七万の数を数えるヘレロ族はそう簡単に絶滅させるわけにはいかない。原住民の絶滅は、彼らがドイツの土地を逃げ去ってイギリス領土の鉱山で働くようになるよりもはるかに難しい問題にわれわれを直面させるかもしれない。イギリスは英国領土に溢れたヘレロを価値ある労働資材として歓迎するだろう。このような労働力としての黒人はドイツも必要としている。ドイツは、動物飼育者として、特に労働者としてマジマジ戦争の戦士であれ、ヘレロ反乱の戦士であれ、牝牛や雄牛の飼い手として必要としている。この民族は生かされなければならない、ただ、政治的には死ななければならないのである。

つまり、政治的には死んだ人間が労働力として生かされるわけである。それこそが、投入した資本と移住してきた白人の本来の目標に合致する、つまりドイツの国民的価値の創造に貢献するというのである。ドイツ社会が入り込んでいる現代の商品交換社会で、反乱黒人は、政治的には死んだ屍でありながら、交換価値を生み出す労働力としては生きる、現代の「生きる屍」としてのみその存在を許されるのである。自分たちをそのように扱うドイツに対して東アフリカの十二部族が結集して総力を挙げて戦うことに何の不思議もない。しかしドイツ側にはこの戦いが理性を越えた神秘的な戦いと映るのである。経済活動というものが、商品と交換価値以外の価値を排除する心理構造を同伴させているからである。そして、この構造は同時にカーフィル化を恐れ、黒人を差別し、アーリア民族を支配民族と見なす心理をますます鞏固化《きょうこか》させていく。

人種差別と人種殲滅戦争の上に商品生産に基づく活殺自在の論理が重なれば、連想せざるを得ないのが、ナチス・ドイツの絶滅収容所の論理である。マジマジ反乱軍を制圧する側の論理が不気味なのは、そこに「働ける者」は生かし、「働けない者」は即座に毒ガス・シャワー室に送り込むナチズムの論理が働き始めているからなのである。

二十世紀の初頭、通常のヨーロッパ人は、戦争などという野蛮行為は、文明化したヨーロッパ人のやるものではないと考えていた。そのヨーロッパが、かつて経験したことのない未曾有の自然天災のような戦争を始めることになる。いずれの国民も特例的な大文字の「偉大な戦争＝（英）the Great War,（仏）la Grande Guere,（独）der Große Krieg」としてこれを迎え、全勢力を傾けてこの戦争に入っていく。遅れて帝国主義競争の修羅場に姿を現し、イギリスとロシアという旧来のグレート・ゲームを先導する強大な敵国に対して東西二正面の戦陣を敷かざるを得ないドイツは、この来るべき「大いなる戦争」を必然的に総力を傾けた「総力戦」として戦わざるを得ないのである。

第五章　総力戦

ルーデンドルフの『総力戦』

総力戦という不気味な言葉を一般に広げたのは、エーリヒ・ルーデンドルフが一九三五年に書いた小冊子『総力戦《デア・トターレ・クリーク》』である。上梓された日付は比較的遅いのであるが、書かれた内容は、第一次世界大戦緒戦の東部戦線でドイツがロシアを打ち破ってから、ドイツ革命とワイマール共和国の誕生を経てヒトラーの登場に至る時期、完全にドイツの政局を仕切った真の独裁者といえるルーデンドルフの戦争思想である。これが上梓されるや、戦争の変貌や将来の戦争の変容を予想する戦争論のブームが巻き起こった。そして総力戦がまさに第一次世界大戦の事実であった以上、総力戦を巡る思考がイギリスやフランスにおいても即座に活発となったのはいうまでもない。総力戦とは、国家の有する総力、即ち技術的、経済的、心理的、道徳的、宣伝的プロパガンダ等、国家の有する知的物的全資源を戦争に総動員する戦争である。

戦争論といえば、クラウゼヴィッツの『戦争論』が有名であるが、クラウゼヴィッツは戦争を誤解させかねないとルーデンドルフは主張する。戦争は変貌を遂げた。戦争はすでに政治の延長ではなく、総力戦と化した戦争は国家の有するあらゆるエネルギー、科学技術も経済も道徳的精神的思想的全資源を動員する、社会全体の総力戦体制化を必然とする。

こうした戦争は、戦争と平和の区別を無くしてしまう。戦士と市民の区別もなくなり、経済、プロパガンダにかかわる非戦闘員の心理的・道徳的エネルギーを総動員し、敵との対決に差し向けることになる。前線と銃後の区別もない。人類の長い歴史において戦争は、ある国の内閣と別の国の内閣が相争うという意味での内閣戦争であった。しかし今や、戦争はある国の全国民と別の敵対する全国民との間の国民戦争となったのである。

総力戦の原型としての日露戦争

ルーデンドルフが総力戦の古典的モデルとして提示しているのは、日露戦争である。ヨーロッパの大国ロシアに対してアジアの新参国家日本が戦う日露戦争は、必然的に日本に総力戦を要求した。旅順陥落、二〇三高地を巡る攻防、日本海海戦の「天気晴朗なれども波高し」など日本人の共有する物語は、ルーデンドルフの見方によると、日本人という一つの国民が、国家神道と天皇制のもと臥薪嘗胆を合い言葉に一致団結して戦争に邁進し、日本海海戦で劇的な勝利を得るという、彼の考える総力戦の資質を本質的に備えている民族であることを示している。日本は、ルーデンドルフの観点では、自国を神国と理解する国民全体が天皇を仰ぎ、神道という宗教のもとに、身も心も一つにして戦争準備に邁進する国である。そうした日本の姿がルーデンドルフには理想的な総力戦体制を備えた国家と映るのである。

天皇からひとりの兵隊にいたるまで、こぞって神道を奉じるこのアジアの「神国」に比してドイツはどうか。ドイツがキリスト教の国であるといってもそのキリスト教はせいぜい十二世紀にドイツ東部のキリスト教化を済ませたばかりの新しい宗教形態でしかない。日本に比較すればその歴史的な浅さは拭いがたい。しかも十五世紀以来、ドイツはカトリックにプロテストする国として、国民のキリスト教信仰は分裂している。それと比べれば、日本は本来的な総力戦体制の国家と見えるのである。これを羨ましげに記すルーデンドルフには、これからのドイツが、『二十世紀の神話』（アルフレート・ローゼンベルク）としてゲルマン・アーリア主義を持ち出してくることも予測されるのである。

ルーデンドルフが総力戦の先駆的事例として日露戦争を挙げているのは、例えば日本海海戦の日本の劇的勝利に感激してのことではない。むしろ彼は、日露戦争以前より日本と縁があった。幼少のころより、学業優秀な優等生だったルーデンドルフは、最終的には「戦争アカデミー」という、未来の最高幹部候補生の養成所を通過している。そこで彼が見出し、自らが尊敬を払い、相手も彼を特別に優秀な幹部候補生と認めた教官がヤーコプ・メッケルであった。

メッケルといえば、明治政府が陸軍の整備を期して、ドイツから招いた軍人であり、メッケルのもとからは秋山好古（日本海海戦の作戦を立てた秋山真之の兄で、奉天会戦に先立つ騎兵戦を戦った日露戦争の英雄）、東條英教（英機の父）など、日露戦争以降の日本の戦史に名を残す人びとが輩出される。メッケルは、近づく日露戦争における日本の勝利を確信していた。とりわけ児玉源太郎を信頼しており、児玉の率いる日本が負けるわけがないと公言していた。メッケルの日本贔屓はドイツ陸軍全体に広まっていたかもしれない。当時、モロッコ事件で、フランスとの戦争の危機に襲われて、軍隊の撤収を考える政府に対して、参謀長のモルトケは、もしドイツ軍が尻尾を巻いて撤退するようなことになるのであれば、いっそ、ドイツ軍を日本軍の庇護の下において、一陽来復の機会を待つのがよいと言ったという。世上、ヴィルヘルム二世の黄禍論の渦巻く時代であったことを思えば、ドイツ参謀本部の日本贔屓は特徴的なことであった。

ルーデンドルフが生まれたのは、一八六五年四月九日。世界を見渡せば、アメリカではリー将軍率いる南軍が降服し、アメリカ南北戦争が終わった年である。ドイツでは、ついに年来のデンマーク問題に決着をつける対デンマーク戦争の最中である。対デンマーク戦争は、プロイセンのドイツ統一戦争のさきがけとなる戦争である。この戦争は、日本の江戸幕府から派遣されてオランダ・ハーグで学ぶ榎本武揚が観戦している。榎本もまたオランダから帰れば、戊辰戦争が待ち受けている。ドイツと日本は、この半世紀後には世界を席巻する国民帝国となるべく、世界列強への「坂の上の雲」に続く坂道を昇りはじめた。日独という二つの国民帝国がその戦時形態においても非戦時形態においても総力戦体制を整えはじめたのである。ドイツはヴィルヘルム二世の新たな「世界政策」によって大きな転機を迎えていた。このドイツ版「坂の上の雲」に向かう年月、ルーデンドルフはドイツ参謀本部の天才的戦略家としての名をほしいままにするのである。

ヴィルヘルム二世の世界政策

ルーデンドルフは、ご多分に漏れず、ビスマルク崇拝者であった。ビスマルクの突然の罷免には相当衝撃を受けはしたものの、ヴィルヘルム二世の登場に反感を持たねばならぬ理由はなかった。むしろヴィルヘルム二世の唱える世界政策こそ、ルーデンドルフの真髄を引き出す契機であった。「ドイツの未来は海上にあり」というヴィルヘルム二世の下、ドイツは海軍熱に噎《む》せ返る時代である。ルーデンドルフはこの時期、海軍に配属され、祖母ヴィクトリア女王に表敬訪問するヴィルヘルム二世に随行してロンドンに行き、女王に接見。大英帝国の海軍の壮麗さを見せつけられる経験をした。前に幾度か触れたヘルゴランド・ザンジバル交換条約が調印され、ドイツ帝国に編入されたヘルゴランドに寄港。対デンマーク戦争の際、デンマークが一種の海上封鎖を敷き、ドイツを苦しめ、海上権力が世界史を決定する時代、島や半島はそれ自体で動かない巨大船舶として大きな軍事的意味合いを持つようになったのである。

デンマーク戦争の結果、ユトランド半島を掌中に収めたプロイセンはキール運河の開鑿に着手し、一八八八年、即位したヴィルヘルム二世は早速、世界政策をぶち上げ、「日の当たる場所」に出る「新航路政策」を始め、ドイツの未来は海上にありと豪語していた。「新航路」を取り始めたドイツで、幹部候補生のルーデンドルフは海軍に配属されたが、ドイツ陸軍のホープとしてルーデンドルフは植民地政策の研修を重ねてもいる。やがてドイツの戦争を指揮する独裁者として将来を嘱望されるルーデンドルフは、ヴィルヘルム二世の掲げる世界政策に満腔の賛同を覚えていたに違いない。

聖地巡礼

一八九八年、ヴィルヘルム二世は巡礼の旅に出掛けた。目的地はエルサレムである。途中、コンスタンチノープルのスルタンに表敬訪問するのも忘れない。なぜならこの巡礼は世界政策の基礎固めであった。今や近東の果たす役割は決定的に大きい。ヴィルヘルム二世は、ボスポラス海峡とペルシア湾を結ぶオスマン帝国に決定的に大きな地政的重要性を見ていた。スルタンの帝国は重大な経済的潜在力を示しており、依然として東西世界の連結点を成している。皇帝を巡礼に赴かせたのは、キリスト教徒としての信仰心だけではない。大英帝国に匹敵する大ゲルマン帝国は、必ずや北海のハンブルクからバルカン半島を越えてインド洋にまたがる勢力圏を包括する日を迎えるはずである。その夢の実現にはイスタンブールに鎮座するオスマン王朝のスルタン・カリフの協力が必須となる。

イスタンブールからさらにシリアのハイファまで、皇帝はフォン・ビューローと数人の聖職者を引き連れ馬で陸路を進んだ。当時の移動手段は馬である。鉄道があったらどんなに便利なことであろう。スルタンとの会見を済ませ、翌年一八九九年には、スルタンからドイツ人による鉄道建設の許可を得る。ベルリンからビザンチン（イスタンブール）を経てバグダッドに向かう線路が三つのBの都市をつなぐドイツの帝国主義的政策3B政策の発動である。

エルサレム到着は十月二十九日。キリスト教圏の国王が聖都エルサレムを訪れたのは、十字軍以来はじめてのことであり、まさにヴィルヘルム二世、一世一代の見せどころである。白いマントをおおい、頭上には兜をかぶって、かつての皇帝バルバロッサを思わせる威風堂々の行進の後、救世主教会の門をくぐった。

続いて、十一月八日、ダマスクスで「世界三億のイスラーム教徒はドイツ皇帝がいつの時代においても味方であると安心してよい」と演説。きわどい演説である。政治とは敵と味方とを区別することである。イスラーム教徒の味方であると公言することは、誰かの敵であることを公言するに等しい。誰が敵であるかは一目瞭然である。イスラーム世界を植民地化しているイギリス、フランス、ロシア、ベルギー、オランダなどの西欧諸国は敵、ドイツは三億のイスラーム教徒の味方であると言うのである。イギリス、フランス等々の国にとっては不愉快極まりない演説である。ドイツとオスマン帝国との同盟はイギリスとインドの間にくさびを打ち込むことを意味する。オランダも、ドイツがイスラーム教徒の味方だと言われては困ったことになる。インドネシアもアフリカ大陸の大半も、ヨーロッパ植民地主義国家の下に呻吟するイスラーム教の世界なのである。それがヴィルヘルム二世の狙いであった。

ドイツが東アフリカに進出しているといっても、たかの知れた話である。自国と植民地との比較をすれば、イギリスは自国の六十三倍もの広さの植民地を保有し、フランスは十一倍、オランダは六十二倍、ポルトガルも二十二倍を有する。それに対しドイツの持つ比率は三・七倍である。ドイツは、比較の問題で言えば、「持たざる国」を振る舞うことができた。ドイツ皇帝ヴィルヘルム二世はまさにこうした植民地保有国を相手に最も不快な戦略を取ったのである。ドイツの訴えは、アラビア世界の植民地宗主国への異議申し立てを支援する形を取っているからである。ヨーロッパの全植民地主義国家を相手取って、全ての土地に散在する三億のイスラーム教徒に反植民地主義・民族解放のジハード（聖なる戦い）を訴えたも同然である。

本書は第一章でプロイセンという国の神話的な過去がサラディンと関係していることを強調した。ドイツ騎士団の築いた東方領土を受け継いだプロイセン・ドイツが今や世界政策を掲げ、世界強国への道を歩んでいる。そしてやがてこの国の武力行使を左右するルーデンドルフは、この神話的な騎士団のひとつ、テンペル騎士団に遡る家系の出である。ルーデンドルフがドイツ・ゲルマン主義を標榜するのはこうした血統的裏付けがあってのことである。北方ゲルマンとの関係でいえば、ルーデンドルフのファースト・ネーム、エーリヒはスウェーデン語でエリク、意味は「ただ一人強き者」である。この「ただ一人強き者」は、今後の世界が敵味方に分かれ、文字通り世界戦争として展開していく世界でその辣腕を存分に振るうことになるのである。

三国協商（英・仏・露）と三国同盟（独・墺・伊）という分かれ方は見方を一点に絞れば、イスラーム世界を植民地とする列強とイスラーム世界の脱植民地の努力を支援する国々ということになる。ヴィルヘルム二世は全世界にジハードの号令を掛けたのである。といっても、剣のジハードを発令する権利は伝統的にカリフ、つまりオスマン王朝のスルタンにある。そのための準備がトルコとの友好関係である。ドイツが三国協商に対して戦争を始めるとなれば、その時にはトルコのスルタンが即座にジハードを宣言する手筈は整っていた。

戦争相手国の革命勢力に援助を与えて相手国を攪乱するのは戦争当事国のとる常道である。イスラーム世界が植民地にされ苦しんでいるのならば、最善の革命支援は全イスラーム世界に汎イスラーム主義と英仏露による三国協商に対する反植民地主義のジハードを訴えることである。一九一四年、第一次世界大戦の勃発に際してドイツはトルコと組んで全イスラーム世界に向け、ジハードを要請した。ヴィルヘルム二世の秘策である。

ヴィルヘルム二世の「世界政策」にはその背後で策を授ける優秀なオリエント学者の存在が推測される。しかもその学者はヨーロッパに蚕食された植民地イスラーム世界の呻吟をよく理解している人間に違いないのである。

オッペンハイム

ヴィルヘルム二世の世界政策のシナリオを書いたと推測されるのは、マックス・フォン・オッペンハイム男爵という著名なオリエンタリストである。

ケルンの有力な銀行家ザロモン・フォン・オッペンハイムを父として生まれ、幼い頃からアラビアン・ナイトの世界に憧れ、ゲッティンゲン大学でオリエント学を修め学位を取る。外務省に入って国に尽くすという希望はしかし叶えられなかった。生家はヨーロッパ最大級の有力銀行である。ケルン大聖堂が、六〇〇年の歳月を費やして完成したのは一八八〇年であるが、その絢爛豪華なステンドグラスはオッペンハイム家の寄贈であると記されている。しかし、その御曹司が外務省に入ることにはビスマルク側近がむしろ反対した。公務員の世界には、ユダヤ銀行に対する反撥が強く、マックスのためにはむしろよい結果にならないだろうというのである。

公務員の道を閉ざされたマックスは新たな夢を追ってモロッコに向かった。モロッコには当時、有数のオリエント学者の声望を集めていたゲルハルト・ロールフスがいた。東アフリカ植民地で触れたことのある人物である。ペータースの東アフリカ進出に際してザンジバル領事としてこの土地をドイツの保護の下におくよう進言したアフリカ通である。

ザンジバルの総領事に任命されたロールフスは、ビスマルクから通商案件追求を命じられていたが、単に依頼を実行しただけではなく、もう一歩前に進めた。この地域をドイツ帝国の保護領とする考えを展開したのである。この年はアフリカ分割を決定するコンゴ会議が開催されている。圧倒的な超大国としての大英帝国を刺激せずにいかにドイツの進路を確保できるかが、ビスマルクの外交手腕の見せ所であった。ロールフスにはビスマルクの慎重さが欠けていたと言える。ビスマルクは東アフリカ植民地がイギリスを刺激することをおそれていた。しかし、一旦流れに乗ったドイツの植民地主義的政策がどこに通じるかをわれわれは見ているのである。そして東アフリカ植民地を近代ドイツの黒い原点とみなすわれわれはここで、その終着点に向かうべく存在するひとりの悲劇的な人物を迎えたのである。ロールフスのもとで活動の手解きを受けるオッペンハイムである。

オッペンハイムは、ローフルスがアフリカで達成した名誉ある役割をアラビアで達成しようと考えた。

まず必要なのはアラビア語の習得である。オッペンハイムのアラビア語はエジプト仕込みであり、その勉学は徹底していた。アラビア語を学ぶのならばホテルを出て、町の人びとと同じ生活をすることである。「書を捨てて街に出よ」が志あるすべての青年の第一歩である。完璧なアラビア語の習得のための最上の語学教師は夫に死に別れた女乞食と聞くが、ここは従わない。オッペンハイム家の財力は美しいエチオピア女性を「任期制の妻」として採用させた。「任期制の妻」とは時間を限られた現地妻のことである。しかし晩年、八十歳を過ぎたオッペンハイムはしばしばかつての美しい任期妻のことを思い返していたという。

このようにして身につけたオッペンハイムのアラビア語は、特異な威力を発揮する。一八九三年、オッペンハイムはシリア遠征を実現し、ヨーロッパ人がまだ通ったことのない道を通ってチグリス・ユーフラテス地帯をバスラまで行くが、完璧な語学力はゆく先々で、テントでトルコ・コーヒーを飲み交わしながらベドウィンとの交際を深めるのを可能にした。オッペンハイムと親しかったスーフィズム教団、サヌーシ教団の勢力は、北アフリカからエジプトを越え、アフガニスタンにまで広大な範囲に及んでいた。それがもたらす情報はヴィルヘルム二世の世界政策に決定的なものであり、のちにオッペンハイムが「皇帝のスパイ」と呼ばれる実質的根拠となるのである。やがてオッペンハイムはトルコ皇帝アブドラハミド二世との運命的な出会いを果たした。

度重なる露土戦争をはじめ、トルコはグレート・ゲームの最大の被害者である。アブドルラハミド二世は強大なトルコの復活を願っていた。このトルコ皇帝は、トルコとドイツの行くべき道を日夜、三十五歳のオッペンハイムに説いた。ロシア、フランス、大英帝国という強大な植民地支配国に苦しむオスマン帝国にとって、持たざる国、つまり、植民地主義的野望を持たないドイツは魅力的に映った。オッペンハイムも即座に理解できた。トルコ皇帝は最大の武器を手にしている。イスラーム全世界に対して武器を取れと、剣のジハードの号令を掛ける権能は、スルタン・カリフ制のトルコ皇帝だけが手にする権能である。

3B政策のオッペンハイム

オッペンハイムは3B政策の核心というべき鉄道建設の下準備としてシリア遠征を行なった一八九九年、オリエンタリストとしての夢を叶える発見に恵まれた。テル・ハラーフの発見である。このシリアの沃野に発見された神像や女神像は、他にまったく比類のない五千年前の文化に行き当たった事を示していたのである。

一九〇九年、オッペンハイムは公職を退いてオリエント研究に没頭し、家の財力に任せて、自己資金で発掘を始めた。しかし彼には独特な悲劇がついて回る。遺蹟発見から十三年間、すべてを自費（三五〇万マルク、現代ならばおよそ二億円）でまかない発掘した発掘物も国外に持ち出すことをシリアが許さない。そうこうしている内に第一次世界大戦である。戦後の一九二七年になってようやく、発掘品の一部が国外持ち出しを許され、ベルリンでマックス・フォン・オッペンハイム博物館が開館し、そこで陳列された。しかしその後も、このナチ時代のユダヤ人オリエンタリストには悲劇がついて回るのである。

「粗雑な金儲け仕事」を嫌って家業を継がずに、オリエント学を目指したオッペンハイムであるが、その語学力とイスラーム世界に培った交友関係は、まず戦争を構えるドイツが是非とも必要としているものであった。第一次世界大戦が勃発し、オッペンハイムはまた必要とされて外務省の仕事に戻る。カイロに陣取り、ドイツがとるべき方策を献策することが彼の仕事となるのである。

第一次世界大戦の勃発した一九一四年、オッペンハイムは一三六頁に及ぶ建白書を提出した。反植民地、汎イスラーム主義に立ってのジハードの訴えである。オサマ・ビンラディンや同時多発テロ、さらには「イスラム国」を介してジハードという言葉を聞く現代からすれば、オッペンハイムが陰険な学者であるという印象は拭いがたい。しかしドイツの取るジハード戦術は、三国協商の国々にとって極めて深刻なものであった。イスラーム世界は西欧植民地主義国家の支配に呻吟している。トルコとドイツの訴えるジハードは広範な共鳴を呼びかねないのである。しかも、ことは西欧諸国だけではない。ロシアには多くのイスラーム教徒が住んでいる。トルコとドイツが掲げる汎イスラーム主義のジハード戦術はロシアをも直撃するのである。

そもそもオッペンハイムはカイロでアラビア語を学んでいる。それが「任期制の妻」からであろうと、街頭の女乞食からであろうと、エジプトを占領するイギリスの支配に呻吟する人間たちに囲まれてイスラーム学の研鑽を積んだということを意味する。オッペンハイムは北アフリカ、アフガニスタン、ペルシアなどどこに赴いても、燃えさかる反植民地主義の熱風を身に浴びてアラビア観を育てたのである。オッペンハイムの主張は簡単明瞭、反植民地主義のジハードを訴えることである。この政策はことにアフリカで強い支持を得る。アフリカにおいてフランスとイギリスは植民地支配者の別名である。

オッペンハイムの描くドイツのオリエント政策に対抗するのは、イギリスの「アラビアのロレンス」こと、トーマス・エドワード・ロレンスである。両者は共に認め合う優れたオリエンタリストとして一九一二年以来、面識もあったが、ロレンスはヴィルヘルム二世がサラディンに花輪を献げたのには、反感を持っていた。サラディンの墓を訪れたロレンスは、ヴィルヘルム二世の献上した花輪を持ち帰ってしまったという。トルコのオッペンハイムとアラビアのロレンス。総力戦はオリエント学者も考古学者も全力を挙げて戦わせる戦争である。オッペンハイムが植民地支配者に向かって立ち上がるイスラーム教徒たちの味方と言えるとすれば、ロレンスは、トルコの支配下にあるマッカのファイサル国王を援助して反トルコの闘争を援助する「アラビアのロレンス」となるのである。

敵と味方の二つに別れて合い戦う世界では、敵も味方も同じことをやり始めるのが通例である。ドイツの訴えるジハードに対して、イギリスもまた別種のジハードを訴えかける。トルコの圧政に苦しむキリスト教のアルメニア教会に、ロシアの援助を仰ぎながら反トルコの「聖戦」を扇動するのである。二十世紀の世界宗教はますますナショナリズムの色彩で聖戦思想を覆っていく。

バグダッド鉄道の終点は月の沙漠の奥深く、まだ濃い霧に包まれている。霧というよりはきな臭い煙であろうか。この土地には、シオニズム運動と共に、ユダヤ人の移住が始まろうとしている。やがてパレスチナは火を噴くだろう。その煙が晴れて姿を現すのはイスラエルとパレスチナという現代史の熱い戦場である。しかし、本書はまだようやく第一次世界大戦のとば口に立ったばかり。まず第一次世界大戦の発端にある北方ゲルマンの深い霧と泉に囲まれたタンネンベルクの戦いに戻らねばならない。

タンネンベルクの戦い

ドイツの宿痾《しゅくあ》ともいうべき東西両戦線に軍隊を二分する他ないドイツが、東部戦線のタンネンベルクの戦いでロシアに勝利し、ドイツを国民帝国に押し上げていくヒンデンブルクとルーデンドルフのコンビが成立するのがこの時代である。

タンネンベルクの戦いは幾重にも神話的戦いであった。そもそもタンネンベルクという地名が神話の霧に覆われている。東プロイセンの奥地に位置するタンネンベルクはその昔ドイツ騎士団が入植した土地であり、しかもそのドイツ騎士団がリトアニアとスラブ人に滅ぼされた土地でもある。ヒンデンブルクもまたそのドイツ騎士団の末裔である。ヒンデンブルクが神話的な敗北の仇を討ったということはドイツ人のナショナリズムを高揚させる神話の価値を持つのである。しかし、東部戦線のタンネンベルクの勝利が神話的に喧伝されたのは、ドイツ軍の西部戦線での敗北を打ち消す宣伝効果を狙う策略でもあったとも言える。総力戦は、宣伝が決定的な役割を果たすのであり、その効果を重視する戦争とならざるをえないのである。救国の英雄ヒンデンブルクのカリスマ性は、後に危機に陥ったワイマール共和国の大統領へと昇り詰めるまで続いていく。

ヒンデンブルクはドイツ陸軍の一枚看板であった。この一枚看板という言い方にはある特殊な含意がある。この大きな一枚看板の裏には、天才的な作戦家が隠れていた。

ルーデンドルフの存在をできるだけ隠しておくというのは、ドイツ参謀本部の当初からの方針であった。東部戦線でロシアと向かい合う第八軍司令部には誰を置くのが良いか。参謀本部がまっさきにルーデンドルフの登用を決めた上で、その上に掲げる看板となる司令官を捜したのである。参謀本部の期待はひとえに参謀長ルーデンドルフにかかっていた。ルーデンドルフの作戦命令が発せられたあとでようやく、すでに陸軍を退役して悠々自適の隠居生活を楽しんでいた老将軍ヒンデンブルクが司令官として決まったのである。

さて、隠居生活から引っ張り出されたヒンデンブルクは東部戦線に赴くためにハノーファーの駅で、実は彼より先に計画立案の命を受けていたルーデンドルフと共に列車に乗り込んだ。車中、即刻、ルーデンドルフは作戦を考え始めた。しかし、二人が参謀本部に到着したとき、ドイツ軍はすでに作戦を開始していた。しかもその作戦は、ルーデンドルフが車中で考えていたものとまったく同一であった。参謀本部にはホフマン中佐という奇才がおり、この中佐が連邦戦線の上官たちの意向を無視して強引に作戦を開始していたのである。このため、タンネンベルクの戦いの真の作戦立案者はふたりのどちらともいえない結果になるのであるが、問題は功名の帰属ではない。むしろ、驚嘆すべきは、ルーデンドルフとホフマンという共に天才を謳われ、奇才を謳われた作戦家がまったく同一の作戦に行き着く結果となったドイツ陸軍の教育の在り方であろう。

このゲルマン民族の神話的濃霧に包まれたタンネンベルクの戦いであるが、ここにも日露戦争の経験が影を差している。ドイツ軍を迎え撃つロシア軍はレンネンカンプの率いる歩兵師団とサムソノフの率いるシベリア・コサック師団であった。兵力において劣るドイツ軍はこの二正面に対して策を練らねばならない。レンネンカンプの本隊に向かうかの偽装を凝らして、実はドイツ軍の主力をサムソノフに向け、これを殲滅するという作戦である。これは実に危険な策であった。もしレンネンカンプが、自分の方に向かってくるドイツ軍が実は陽動作戦でしかなく、その実、手薄であることを見抜いて、ドイツ軍を攻撃してこようものならドイツ軍はひとたまりもない。あるいはその後も、実は本隊がこちらを狙っていることにサムソノフが気付きレンネンカンプに救援を要請するなら、ドイツ軍は同様に危機に晒されるからである。この作戦の実施にあたりホフマンにはある確信があった。それは日露戦争でのある経験から得たものである。

このホフマン中佐は日露戦争の際、日本軍の観戦武官として満州に派遣されており、満州のロシア軍の戦いをつぶさに見ていた。この時、ホフマン中佐は同じくロシア軍の観戦武官の任にあったドイツの同僚から決定的な情報を得ていたのである。奉天会戦にいたる遼陽会戦烟台炭坑の攻防戦での出来事である。烟台炭坑を守るあるシベリア・コサック師団の司令官が、味方の敗北が明らかになるや、その責任を一人の部下の無能力と統率力のなさに求め、悲惨な総退却の最中に、これを激しく弾劾したというのである。こういう状況の下で二人の人物がたまたま奉天の駅頭で出会ってしまい、その途端、互いに相手の失敗を責め合い、ついには激昂したコサック司令官が相手を殴り倒したのである。相手も負けていない。二人は敗軍将兵達の目前で泥まみれになって殴り合い、ついに見かねた幕僚たちが無理矢理引き離したという。このシベリア・コサック司令官こそ、今、ドイツ軍が前にしているサムソノフであり、殴り合った相手は他ならぬレンネンカンプであった。二人は士官学校以来の犬猿の仲で、この二人が今、東部戦線でドイツと対峙しているのである。一方は必ずその時の恨みを晴らす復讐を果たすに違いない。

十年前の事件の成り行きをホフマンはその後も注意深く見守っていた。二人は依然として和解していない。むしろいつか機会あらばと、復讐の機会をうかがっているとの確信に足る情報を握っていたのである。今がまさにその時である。はたしてレンネンカンプは窮地に陥ったサムソノフを一切助けようともしなかった。ホフマンは軍人らしく、人間の復讐心の強さを信じたのである。

タンネンベルクの戦いには遼陽会戦の影が差している。そしてタンネンベルクの戦いはヒンデンブルクを救国の英雄に押し上げ、そのカリスマ性は後に危機に陥ったワイマール共和国末期に彼を大統領にまで押し上げる。そしてヒンデンブルク大統領が首相に任命するのがアドルフ・ヒトラーである。

科学者の戦争

総力戦は考古学者の戦争でもあり、軍人個々人の資質をもろに剝き出しにする戦争でもあったが、二十世紀の三十年戦争に関して言えば、科学者が主役の戦争であった。

一八七一年、普仏戦争でフランスを打ち破って出来たドイツ帝国。これはドイツ人の待ち望んだ帝国であった。ドイツ帝国の強さ。これは煎じ詰めればクルップ製の大砲の威力であり、ドイツの強さは自然科学にあった。大砲と自然科学が戦争の帰趨を決定する時代のドイツは圧倒的な強さを発揮した。ヴィルヘルム二世もまた熱烈な科学信奉者であった。カイザー・ヴィルヘルム研究所（現在のマックス・プランク研究所）として世界にその名を轟かせる組織であるが、もとはと言えば、ヴィルヘルム二世が自らの名前を冠して作り上げたものである。

世界政策を打ち出したヴィルヘルム二世は、科学の戦争も実行する。戦車、Uボート、飛行機。魚雷も早急に開発された。戦争は次から次へと新たな兵器を用意し、戦われていったのである。考古学者が戦争の主役を演じることはない。第一次世界大戦は科学者の戦争、特に化学者の戦争であった。

戦争が大量に消費する最たるものといえば、爆弾である。化学者はその爆弾を空中から生み出す魔法を編み出すのである。

世界政策を追求するヴィルヘルム二世も独裁者ルーデンドルフも科学と技術一般、とりわけ化学からいかに多くの利便性を引き出せるかを寸分の狂いもなく見ていた。化学という魔法は世界を変容させる錬金術である。爆弾を作るためには伝統的にチリ硝石が必要であった。しかし総力戦により海上が封鎖されれば、チリ硝石もコーヒー同様、ドイツに届かない。コーヒーは我慢させるのがそもそも総力戦であるとしても、チリ硝石なくしては爆弾もできない。コーヒーなしでも戦争はできるが、爆弾のない戦争は考えられない。ドイツの化学産業が総力を挙げて総力戦に参加することを余儀なくされる。通常の人間には魔法としか思えない新技術が開発される。空気から爆弾を作る方法である。空中窒素固定法という新技術、その方法を考案した科学者たちは次から次へとノーベル賞を受賞するような科学の最先端技術である。空気から窒素を取り出し、アンモニアを作り、それをさらに爆弾にする技術である。この空中窒素固定法という新時代を築く錬金術めいた魔法は、日本では水俣病の原因となった技術である。この新技術は当時の電気化学産業に潤いをもたらす。IGファルベンやジーメンス、AEGがその代表である。

ラーテナウはこの戦争中、物資調達局のトップに坐り、コーヒーから爆弾に至るすべての物資の調達に努めていた。化学業界は一方で強度な集中化を図りながら、他方ではそこで生産する産物が、色素やタールから爆薬に変化するに応じてその拠点を都会の人口集中地帯から人口過疎地帯の周辺部に移し替え、生産性の高い大工場の建設に励んでいた。

代表的な例がルートヴィッヒスハーフェンの企業として名の通っていたBASFがメルゼブルクに建てたロイナ工場である。この工場は一九一七年四月以来、爆薬の製造にとって不可欠であった合成窒素を製造していた。一九一四年十一月二日以来のイギリスによる海洋封鎖によって、爆薬に必須の硝石がチリから入らなくなったのを急遽、化学産業が補完したのである。ロイナ工場の窒素生産量は最後の一年だけでも三〇万トン近くに達し、ドイツの全生産量のおよそ五〇パーセントを占めていた。ロイナ工場に深い関心を寄せて援助を与えたのは無論ルーデンドルフであった。

同様に、バイエル社のレーヴァークーゼン工場では毒ガスの研究が急ピッチで進められた。フリッツ・ハーバーは一九一一年以来、カイザー・ヴィルヘルム研究所のベルリン・ダーレムの物理化学部門を統率していたが、一九一八年、空中窒素固定法によるアンモニア合成によってノーベル賞を受賞。加えて戦争開始以来、彼はプロイセン戦争省化学部のトップに予備大尉の資格で居座っていた。ガス戦争の実験と投入はこちらの管轄であった。ドイツの最初の毒ガス使用は一九一五年四月二十二日に西部戦線のイペルンのクロールガス攻撃であるが、その使用を認めたハーバーはそれをもって「毒ガス戦争の父」という芳しからざる呼び名をたまわった。

ハーバーの協同者ヴィルヘルム・シュタインコップとレーヴァークーゼンの化学研究者ヴィルヘルム・ロンメルは共に新しい毒ガスの研究開発に成功し、このクロールガスの五〇倍の毒性を持つガスはたちまち「毒ガスの女王」の称号を授かることになる。ハーバーは開発者ロンメルとシュタインのイニシャルから「ロスト」と命名した。ロストを実戦に使用することに関しては、決定的な成功をもたらすほどには備蓄がないこと、さらに相手方がこの種の物質を開発するのも時間の問題でしかないという理由でフリッツ・ハーバーが反対したにもかかわらず、ルーデンドルフはロストの投入を決め、一九一七年、ユペルン近郊のフランダースの戦いでの使用を命じた。ルーデンドルフの決断によってとくに利益を得たのは色素会社のバイエルであった。戦争の終わるまで製造された全部で七六〇〇トンの高度な毒ガスのうち、バイエル社のドゥイスブルク工場だけで六七〇〇トンを製造した。いよいよ化学産業界に色《ファルベン》が登場した。今後これらの色は一気に世界の色合いを変えて行くのである。

物資調達

総力戦が全国民を動員する戦争である以上、絶対の必須事項は、国民の食糧確保である。自国の大地が国民を十分に養う糧食を恵んでくれるならば問題ない。しかしそのような幸福な状態にある国家は事実上、存在しない。一国民国家全体の要する需要はあまりに多様なものとなってしまい、その需要を満たすことはただ世界交易によってのみ可能である。しかし、とりわけ戦争によってこの世界交易が中断されてしまえば、需要を満たすことは不可能となる、ここで必要なものは金である。国際的資本家たちが民衆の自由を犠牲にして物資を手に入れる、そんな国家だけが有利な条件を備えているのである。

この条件は国家によってまったく違う。海に接し、中立国と接しているような国の場合とドイツのように敵性を帯びた国々に囲まれた国とではその地政学的条件がまったく異なる。ドイツの場合、糧食・飼料・燃料が第一の重要問題となる。働き戦うためにはまず生命が維持されなければならないのは人間だけではない。第一次世界大戦の膨大な動力エネルギーを支えているのは馬力であった。

馬は飼料があって生き続ける。第一次世界大戦では馬の餌におがくずを混ぜ込んだ。健康は無視。まずは馬の腹を満たすことが肝心であった。ルーマニアがドイツに宣戦布告した一九一六年、戦局不利にもかかわらず戦闘を続行しなければならなかったのは、ドイツ軍に糧食危機が迫っていたためであった。同盟国オーストリアの糧食事情はドイツよりも悪かった。その後遺症は当時生まれた幼児のその後に見て取れるという。自国の農業が自国の軍隊を支えてくれねばならぬ。これはその後、ルーデンドルフの固い信念となった。

ドイツの戦争前小麦粉の輸入は毎年一八三万トン。これは当時いかに外国の糧食に依存しているかを示す驚愕の数字である。たとえライ麦、ジャガイモ、肉についてはかろうじてドイツ国内で供給することができたとしても、ドイツ国民の食生活は諸外国に依拠していた。しかもあろうことか穀物と飼料を保管する倉庫が決定的に不足していた。おそらく政府が真面目に考えていなかったせいだろう。戦争がそんなに長く続くとはまったく想定外だった。すべての規模がヨーロッパの長い歴史の知る戦争の常軌を逸脱していた。それが第一次世界大戦であった。

在庫を用意するには金が掛かる。経営者は、戦時は通常、金のやりくりに苦労する。在庫品を多くすると価格を萎えさせてしまうことが多い。動員がかけられてから動くのが普通である。こういう糧食事情と輸入の停滞がすぐに、人間と馬と家畜の困窮として現象する。ルーデンドルフによれば、他の糧食および嗜好品、野菜、エンドウ豆、レンズ豆、米、紅茶、ミルク、卵、ラードは、戦争が始まるや、民衆と軍隊とを問わず、食卓から早々と姿を消した。本書が特別な注意を払いたいのは無論コーヒーであるが、軍部がコーヒーよりも重大視しなければならなかったのは人間という資源の欠乏であった。人間そのものの数が急激に数を減らしているのである。

総力戦は徐々に総動員体制に向かっていた。軍需産業が巨大な人員確保を必要としているので、静止した産業部門（繊維産業など）の労働者は移住させ、非軍事産業（デパートなど）の従業員は数を制限するか他の用途で使うことにする。持ち場を離れることのできる女性には労働義務の拡張が必要であるという。ただ国家の費用負担となる子供のいない兵士の妻が無数にいて、その他にも何もせず、あるいは戦争の役に立たない仕事に従事する無数の女と娘たちがいると判断された。戦争は軍馬も軍鳩（伝書鳩）も軍犬も総動員する。軍女も動員しない総力戦はないのである。

潜水艦作戦

総力戦はすべてのスペースを戦場にする。まだサイバースペースが戦場になることはなかったが、海はすでに巨大な戦場と化していた。一九一六年八月二十七日にルーマニアが参戦してのち、軍事的条件がますます協商側に有利に働き、ドイツ軍が南東ヨーロッパに介入することを必要としたほど、事態の緊急度は増していた。打開策の一つは潜水艦（Uボート）作戦の開始であった。ドイツにとっての主敵イギリスにどう対処すべきか。潜水艦作戦を練り直さなければならなかったのは、第三軍司令官ファルケンハインが一九一六年八月二十八日に罷免されたのち、その後の作戦本部を継いだルーデンドルフとヒンデンブルクであった。

ルーデンドルフは最新科学技術を信頼する軍人らしく、軍事の部門別専門性を重視し、海のことは海軍に任せるという態度であった。海軍は潜水艦の即刻使用を求めていた。海軍の考えでは、潜水艦の投入だけが講和に通じている。イギリスは不作で食糧危機にあるためひたすら輸入に依存している。まさにこれを叩くために潜水艦を投入すべきであるというのである。

しかしこうした軍上層部の意見には異論が出された。イギリスの貨物船の運搬能力を調べた結果まだ十分に余裕があり、四ないし六ヶ月のうちに四〇〇万トンのイギリス商船艦隊が殲滅されたとしても依然として八〇〇万トンの使用が可能である。潜水艦の作戦成果だけでは相手に降服を強いることはできない。一方潜水艦作戦の開始には明白な危険が伴う。アメリカの参戦である。アメリカと戦争をするとなれば、南北全アメリカ大陸がアメリカの支配するところとなり、すべての備蓄ともども連合国側の意のままとなる。アメリカは可能な限り早期の戦争終結のために全力を投入するに違いない。したがって無制限潜水艦作戦は破局的である。なかにはもっとドラスティックな意見もあった。「ドイツはすでに国際社会では死んだ犬と見なされている」というのである。「ついに待ち望んだ平和を求めてすべての国々がこの死んだ犬の上に襲いかかるだろう」。

潜水艦作戦の投入に強く反対したのはラーテナウである。潜水艦作戦でアメリカ合衆国を敵に回すとなればドイツの物資確保の見込みが立たなくなるばかりではない。アメリカの参戦はこの戦争を文字通りの世界戦争にするだけではなく、三国協商の側に、ある根本的理念の共有をもたらすだろうと警告した。つまり王制独裁政治に対する民主主義国の国際十字軍の意味合いをである。第一次世界大戦は、独裁政治と民主主義の世界観の闘争と化してしまうというのである。これに対しルーデンドルフはラーテナウに真っ向から反対した。枢軸国側を特に不利な状況に追い込んでいたのは、ルーマニアがトルコからの独立を狙って参戦したことだった。これが三国同盟に著しく不利な形勢を生み出したのである。ルーデンドルフはルーマニア戦線の早急の解決に苦悶していた。ルーマニア戦線ではとりわけ糧食に困窮をきたしていたのである。残された方策は、Uボート作戦の投入しかない。

コーヒーの途絶

ルーデンドルフの心配はコーヒーではない。戦力即ち馬力である。西部戦線は物資を使い果たす消耗戦の様相を取り始めていた。戦線の総力戦は兵士の磨耗を招いていた。死に続け、磨耗する兵士の補給が問題であったとしても、あらゆる物資が枯渇するのは戦線ばかりではない。総力戦とは政府と兵士の戦争ではない。国民という国民がいわゆる前線も銃後もない戦争に駆り出される戦争である。そして馬が馬力を発揮するために飼料を必要とするように、人間が戦意を保持するためにはコーヒーが必要であった。一九一六年一月三日、ドイツは国内倉庫に眠る外国中立国所属のコーヒーの接収に踏み切った。大失敗であった。中立国の反感を買うのは覚悟の上だったとしても、接収量が予想をはるかに下回りおよそ百万袋、平時のドイツ全体の平均消費量の数ヶ月分しかなかった。戦争はまだあと三年続く。

深刻な事態に直面したのは、陸海軍にコーヒーを確保しなければならない政府であった。一九一六年四月五日、政府はベルリンを本部に「コーヒー、紅茶およびその代用品のための戦時委員会」を設置して対処を計った。課題は、まずなによりも生のコーヒー豆を接収することであった。生のコーヒー豆を保管している者はすべて保管場所と種類と量の申告を義務づけられた。六〇〇キログラム以上の量がある場合には七五パーセントを接収し、残りを小売店を通して市民の手に渡るよう配慮された。委員会の第二の課題はハンブルクに拠点を置いて、コーヒーの輸入を促進し、価格を管理することであった。欠かせないのはオランダの協力である。オランダの手を介してドイツに入るコーヒーだけが、戦時下のドイツ市民および軍隊のドイツ人に貫流する黒い血液であった。

海上輸送に支障が生じれば国民生活が滞るのは、なにも島国イギリスばかりではない。ドイツの国民生活に欠かせないコーヒーもまた典型的な海上流通産物である。イギリスがオランダの海外活動に妨害を加えれば、即座にドイツのコーヒーは途絶える。海上制海権はイギリスが握っている。そのイギリスはオランダ船の出港を妨害した。オランダにも、コーヒーをドイツに送り届ける余裕はないのである。ドイツは徹底的な潜水艦作戦の投入を決めた。

ドイツのコーヒーは途絶えた。深刻な事態が迫っている筈であった。ドイツは「コーヒー中毒」の国である。しかもカフェに集う人びとも「世界を観ないことを本質とする世界観の持ち主」（アルフレート・ポルガー）たちで、国家が総力戦をやっていても熱のこもった反応を示さないくせに、コーヒーが飲めないとなると不満を漏らす人間の数ばかり多い。この種の人びとからコーヒーを切らすと何をしでかすかわかったものではない。銃後の思想統制はルーデンドルフの総力戦の要であった。不平・不満分子がその主敵であった。この人びとの不平・不満の本質は、そもそも個々の嗜好にいちいち口を差し挟む国家の存在に向けられているのである。米を欠いた民衆が米騒動を起こすのと同様、コーヒーを欠いたコーヒー党はコーヒー騒動を起こして当然と考える。危機は戦線の兵士の間から始まった。

ルーマニア戦線

人間も馬も食糧事情に辟易していたのは東部戦線でも西部戦線でもなく、ルーデンドルフの言う通り、ルーマニア戦線であった。前述のとおり三国協商と三国同盟の戦争が始まった後に、それでなくとも不安定なバルカン半島の中から、ルーマニアがトルコからの独立を目指して宣戦布告したことが枢軸側に極めて不利な条件を生んでいた。オーストリア・ハンガリー二重帝国の戦争続行を危うくしかねないのである。ルーマニアを一掃しなければならない必然性を突きつけられたのはルーデンドルフであった。彼もまた、総力戦を戦う馬力に逼迫する飼料危機のためにも一刻も早くルーマニアを叩く必要に迫られていたのである。

二十世紀の科学技術の粋を集めて戦われる総力戦ではあっても、その動力をまだ主として馬力に頼っていた。農場からかき集められ戦場に送り出された数十万、数百万の、疲弊し飢える馬こそが戦争の帰趨を決するのである。ルーデンドルフが『総力戦』で特記しているように、ルーマニア戦線は人も馬も糧食が尽きていた。オーストリア・ハンガリー二重帝国の疲弊は日に日に昂進していた。総力戦を支える銃後の人心に厭戦気分が立ち籠めている。ルーマニアによるドイツへの宣戦布告は一気に戦争条件を変えてしまった。人間に糧食がなく、日頃、大都会のカフェに坐りこんでコーヒーを飲みながら政治や軍隊への不平不満を言葉にすることを生業としているクルト・トゥホルスキーのようなカフェ文士が戦場に狩り出され、挙げ句はコーヒーが切れてしまったのである。ミルクもラードもなくなった。ルーマニア戦線のトゥホルスキーは迫り来る黒い未来をブラック・コーヒーに見ていた。

朝早くコーヒーを飲んでいると――ぼくの皺だらけのお腹よ
お前はなんと虚しくユラユラすることか
たしかに砂糖やミルクはなくともなんとかなるもの
だからポテトをこっちにまわしてくんないか

肉もなければ蜂蜜もない　ラードもなけりゃ卵もない
朝のテーブルの荒涼たる様！
だけど一つのことが　ぼくのお腹よ　ぼくたち二人を一等困らせる
生クリーム……
生クリームが切れちゃった！

コーヒーを飲んでいる時ばかりでなく――ああ、アレゴリーよ
いっしょに詩の女神の住む社《やしろ》に登ろう
芸術市場がどんなに叫んでみたって
金のある奴ァ叫ぶにゃ及ばない
　子供のべべ着た表現主義――
　五桁の小切手の芸術――
だけどぼくはブラーム（自然主義時代の演劇理論家）の昔がなつかしい
　生クリームが切れちゃった！

未来を見たまえ！――いったいなにがやってくるのだ
この大いなる時代とかいうやつの過ぎ去ったそのあとに
涙と血と汚辱　そしてこの国民的雄叫びとやらの

あとになにがやってくる
子供たち　希望の世代のためになにが来る
ぼくの目にうつるのはブラック――
ぼくのヤングたち　おお　ルドルフよ　ぼくの息子よ
生クリーム……
生クリームが切れちゃった！

ブラック・コーヒーに占うブラックな未来。コーヒー占いはドイツの伝統芸である。しかし事ここに及べば難しい占い技術はいらない。ドイツのブラックな未来は明々黒々、ルーマニア戦線でいち早く形を現していた。

日常生活の乱れは革命を呼ぶ。ルーマニア戦線の危機は、直接、隣接するオーストリアとブルガリアという四国同盟の中心で内部から崩壊を起こさせかねない。ウィーンのハプスブルク家には革命が迫っていた。どこかで革命の起こし方のマニュアルでも示されれば即時に世界に伝播しそうな気配が漂っていた。あとはモデルケースが現れるのを待っているだけである。それは劇的な形で起きた。ロシア革命である。

封印列車

一九一七年三月十三日の夕刻、ラジオは一斉にロシア革命を伝えた。タンネンベルクの戦いに敗れて以来、苦しい戦争を続けたロシアがついに食糧不足に音を上げて革命を起こしたのである。三〇〇年にわたりロシアを統治したロマノフ王朝が一夜にして消え去った。ドイツには当面、二つの事が問題であった。一つはロシアの革命がドイツにどのような影響を与えるのか。ロシア革命はドイツ革命に飛び火しかねないのである。そしてもう一つは、三国協商側の未来にどのような変化が生じるかであった。連合国側は革命を歓迎した。ツァーリズムの倒壊による、より強固に東部戦線を闘うロシアを期待したからである。ドイツ政府は公式には非干渉を取るが、脆弱化したロシアのケレンスキー内閣と個別講和を結ぶ可能性を考えねばならない。ロシアは連合国側から夏の攻勢の準備を催促されていた。ドイツ側はロシアの疲れを連合国側よりも理解していた。

戦争は相手国の革命勢力の援助を必須とする。前に述べたとおりこれはドイツでは、ビスマルク以来の定石である。大英帝国に対してジハードを訴えたドイツである。ロシアに対しては何をなすべきか。

スイス、チューリヒの駅近くに、チューリヒ・ダダイズムの温床として知られるカフェ・ヴォルテールをはじめとしたカフェが立ち並ぶ界隈がある。そこに妻と一緒に足繁く通う客にウラジーミル・イリイチ・ウリヤノフというロシア人がいた。のちに人に知られる名で言えば、レーニンである。レーニンとその妻クルプスカヤを囲むボルシェヴィキのグループはロシアの二月革命の知らせを聞いて、一刻も早くロシアに戻ることを望んでいた。戦争を内乱へ。帝国主義戦争を、革命的内戦に転化させねばならない。しかしヨーロッパの屋根アルプスにほど近いチューリヒからどうやってバルト海の奥に位置するロシアの首都ペテルブルグに行けるのか。ロシアに戻りたいからといって、ロシアの同盟国フランスもイギリスもレーニンの希望を叶えてくれはしない。残るはドイツである。チューリヒのボルシェヴィキ・グループはドイツに打診した。

敵国の革命派への援助は戦争の定石である。ドイツ外務省はレーニンを帝政ロシアの喉元に送り届けることを決めた。しかし参謀本部の出す条件を聞く必要がある。参謀本部は即座に、ロシアとフランスに挟まれて絶えず二正面戦争を強いられるドイツの宿痾というべき悪夢を終わらせるチャンスを読みとった。

レーニンの名前を初めて聞いたというルーデンドルフであるが、この稀代の策略家はレーニンの希望を叶えるための条件を即座に決断した。条件とは、ドイツ通過の際一切停車は許されず、軍隊の監視下におかれる。革命プロパガンダは絶対に許さない。反ドイツ的ではない人間だけに通過ビザを発行し、列車は封印してドイツを通過させる。

三十二人のボルシェビキを乗せたいわゆる封印列車である。コペンハーゲンのドイツ大使とベルリンのロシア専門家ウルリッヒ・グラーフ・フォン・ブロックドルフ・ランツァウの間で、その段取りがきまった。レーニン、妻クルプスカヤ、その他、ボルシェビキの中枢、合計三十二人をスイスからドイツを走り抜け、バルト海のリューゲン島のザスニッツまで連れていく。ザスニッツからはスウェーデンへの船が出ている。封印列車の実現は、参謀本部の出した条件に添うものであった。

このエピソードが秘めている歴史的イロニーをマクシミリアン・ハルデン（表現主義の雑誌『嵐』の発行人）が一九二九年に表現している。「全地球上のすべての社会主義政党の沸騰も熱気も、革命の案件に、ルーデンドルフが果たした貢献の一〇〇分の一の役割も果たせなかった」、同様のことをシュテファン・ツヴァイクも『人類の星の時間』で書いている。「レーニンとの契約は、ルーデンドルフにとって彼の生涯最大の決断であった」。そしてそのルーデンドルフですらその後に来る事態の大きさを予想できなかったのである。

短期的視点に立てばルーデンドルフの思惑は的中した。ペテルスブルグに到着したレーニンは早速、四月テーゼを発表し、ドイツとの単独講和を方針としてかかげ、帝国主義戦争を革命的内戦へと転換した。十月二十四日の夜、ロシア十月革命である。

背後からの一突き

ドイツとロシアの間に休戦が成立し、東部戦線が消滅した。

この休戦を取り決めたブレスト・リトフスク条約は別名ルーデンドルフ条約と呼ばれる。そして条約調印された一九一七年十二月十六日にはドイツ国防軍の軍隊は大挙、西部戦線に移動を開始した。東部戦線から解放されたドイツは西部戦線へ、その主敵たるイギリスに対する総力戦に向かったのである。そのイギリスも潜水艦作戦によって早晩音を上げて講和を申し出てくる筈であった。東部戦線の勝利者ドイツは戦争開始以来念願していた世界政策を達成したかに見える。

ルーデンドルフの年来のゲルマニア帝国構想は実現したかに見えた。この構想のおおよそを確認しておくと、中央ヨーロッパ・バルカン半島・南ロシアを押さえて石油を確保することに加えて、フランスとオランダの支配する東南アジアと南アメリカの植民地を押さえる。さらにドイツ・プロイセンの歴史に前例の全くない構想が中央アフリカの確保である。ベルギーのコンゴ、フランスの赤道アフリカも死滅しつつある。東アフリカでは英雄と称えられるフォールベク大佐に率いられたドイツ軍が屈強の戦いを継続していた。ドイツ勝利の後にはオランダのインドネシアがドイツのものになって、ゲルマニア帝国の完成である。主敵イギリスとその弟分のアメリカ合衆国との海軍力国家同盟に対抗するためには、弱体化したロシアを挟んで極東の中国、ないしはまだ協商国側についているが、総力戦を戦う条件を備えた日本と同盟を結び、大陸大同盟を完成させる。ドイツがイギリス・アメリカの海上権力同盟に対抗するにはこれしかないのである。

そこにロシア革命が勃発した。しかし封印列車は両刃の剣だった。ドイツの目論見は完全に成功したかに見える。しかし、レーニンもまたルーデンドルフに劣らぬ策謀家である。ロシアのペテルスブルクへの総勢三十二人の豪勢なヨーロッパ横断旅行を催行してくれたことへのお礼はたんまりさせて貰うとレーニンは考えていた。ドイツには同志カール・リープクネヒトがいる。その共産主義集団スパルタクス団に導かれたドイツ人民がその戈《ほこ》を彼らの資本主義的搾取者どもに向ける日が遠からずくるに違いないと考えるのである。

ロシア革命は瞬く間にウィーンに、キールに、ミュンヒェンに飛び火し、そしてついにベルリンにも革命を招いた。ベルリンの不満分子たちが「背後からの一突き」のように革命を起こし、まだ戦う気十分のドイツ国防軍の息の根を止めたのである。

キール軍港で反乱が起きた時、ルーデンドルフは身に危険を感じ、一時身を隠すことにした。そんなことをしては敵前逃亡に見えるからやめろと言う妻のマルガレーテの制止にもかかわらず、ルーデンドルフはデンマークに身を隠した。失踪したルーデンドルフの行方を追う記事が国際メディアを賑わした。スウェーデンの新聞は、エーリヒ・ルーデンドルフはドイツで失業し、ロシア赤軍の作戦参謀に再就職したと記事を載せた。ルーデンドルフを茶化すなら、ドイツの名うての反軍ジャーナリスト、クルト・トゥホルスキーも負けていない。早速、「週刊誌ヴェルトビューネ」に文章「幹部候補生」を寄せ「ルーデンドルフの逃亡」を茶化し、ドイツはこんな指導者《ヒューラー》は要らないと書いた。トゥホルスキーの書くことはいつもどこか不気味に予言的である。では、どんな指導者《ヒューラー》ならドイツが必要としているのかが明らかになるまでそれほど長い年月は要さないのである。

ルーデンドルフは、この種の連中は絶対許せないと思っただろう。ドイツはルーデンドルフ党の深い恨みを込めて戦争を終え、暫時の平和の時代を迎える。しかし一旦、始まってしまった総力戦体制の時代とは、戦争と平和の区別が判然としない時代である。ワイマール共和国がいかに表面上、黄金の一九二〇年代を演出しようと、その総力戦体制は粛々と続くのである。

　ドイツ革命からわずか十四年、ルーデンドルフが前面に立てて押し出したヒンデンブルク大統領によって、指導者《ヒューラー》＝総統アドルフ・ヒトラーが首相に選出されるや、今度はトゥホルスキーがスウェーデンに亡命し、自ら命を断つ番になるのである。

第六章　二十世紀の三十年戦争

総力戦は続く

第一次世界大戦と第二次世界大戦の間には平和なワイマール共和国時代があったとされる。しかし本書はこの理解を採らない。第一次世界大戦で始まったすべてがワイマール共和国においても続けられ、第二次世界大戦に流れ込むのである。それは特にドイツの基幹産業において顕著であった。

前に東アフリカ植民地を見たが、第一次世界大戦の結果、植民地が灰燼に帰したとしても、傷一つつかずに残っているものがあった。民族差別と民族支配のイデオロギーの他にあげられるもうひとつの重要な成果、すなわち植民地経営で培われた合理性の思考である。

一九〇五―六年、ドイツは西南アフリカで製鉄所を建設した。アフリカの原野に新規に、しかも巨大な設備投資を行う以上、徹底して合理的な経営が要求された。製鉄所は高炉の上部に排出される高熱ガス（高炉ガス）をパイプラインに集め、他の生産部門の暖房やエネルギー源として利用する工夫がこらされた。画期的な合理化である。結果は多大な燃料及び装置の節約であった。第一次世界大戦中のドイツはこの合理化を一層押し進める必要に迫られた。そしてワイマール共和国時代である。

一九二四年四月、ドイツの賠償と経済復興を巡るドーズ案が決定され、ワイマール共和国時代のいわゆる「相対的安定」は主としてアメリカによる二五〇億ライヒスマルクの借款によって支えられた。その好景気を支える実質は設備投資であった。これは当然、鉄鋼産業を活性化する。しかし鉄鋼産業自体も問題を抱えていた。敗戦によって国外資産は接収され、またヴェルサイユ条約はドイツの徹底的な軍備縮小を決めていた。鉄鋼産業は体質改善を強いられていたのである。企業を徹底的に合理化すること。ドイツの鉄鋼産業はかつてアフリカで試みた合理化徹底の道を押し進める他はなかった。しかも再編成された巨大企業においてである。

一九二六年、ハンボルン、ボーフム、ドゥイスブルク、ゲルゼンキルヒェン、デュッセルドルフ、ケルンなどルール地帯に本拠地を持つテュッセン、シュティンネス、オットー・ヴォルフなどの有数な鉄鋼企業が一つの企業体に合併した。われわれはこの名前の多くをかつてアフリカ植民地獲得の努力に際して見た覚えがある。この巨大企業は当時、ヨーロッパ最大の企業であり、従業員の数は二〇万を数えた。

この会社は正式名称は「統一鉄鋼株式会社」(Vereinigte Stahlwerke AG)で、それぞれの頭文字をとってヴェスタク(Vestag)と呼ばれた。不気味な偶然である。ウェスタと言えばギリシア・ローマ神話の竃の女神である。家政が中心を占める母神ウェスタに対して高度に産業社会化された後期資本主義社会のエネルギーを司るヴェスタクはいかなる犠牲的生け贄を人間に要求することになるのか。

ヴェスタクには問題があった。徹底的に合理化されたといっても、それは生産の合理化である。消費の徹底合理化は、たとえそれが企業の究極の夢であるにしても、不可能である。しかも企業が徹底合理化した生産能力を十分に発揮できるのは、もし十分な需要があるならば、という前提の下である。しかしワイマール共和国時代、鉄鋼産業はその生産能力をフルに発揮する機会に遂に一度も恵まれなかった。八〇パーセントの力を発揮できれば上々であり、大恐慌がくると二〇パーセントにまで落ち込んだのである。しかも全体が一つの巨大な時計仕掛けとなった企業には、通常経費が高くつくという弱点がある。

需要と供給の関係とひと口に言う。しかしこうした企業の製品価格は需要と供給のバランスによって決定されるというよりは、主として生産・供給の側の事情によって決定されており、需要に応じて値段を下げるという売買行為にとって基本的なしなやかさを失っている。この体質によって、鉄鋼産業はその鋼の巨体が経済危機に対して非常に脆いものであることを露呈することになる。

大恐慌の到来は、このヨーロッパ最大の鉄鋼企業が最新の科学技術の粋を集めて徹底した合理化が、実におかしな不合理を内蔵していることを露呈する。需要があり、したがって製品が高価格で売れそうな時、ベルト・コンベアーでつながれ、全体が精密な全自動腕時計のように連動している企業はその性能をフルに発揮し、しかも全自動の強みでまさにその時、数人の技術者の監視のもと、おのずと生産するかのように働き、単価当たりの生産コストは一番安くなる。逆に需要が減り、価格が下げられなければならない時、生産を抑え、不要な部門を全体の連動装置から排除するなど複雑なコントロールを必要とし、単価当たりの生産コストが高くつく。合理化し尽くされたかに見えた巨大企業は製品価格と生産コストの動きが反対向きであるという端的な不合理を内在させていた。

需要が生産能力の二〇パーセントにまで落ち込むということは合理的理性の想像力を越えていた。鉄鋼産業の機械装置は体力の五分の一だけを使ってゆったりと仕事をする芸当ができなかった。基準のスピードの六六パーセントを下回ると、動こうにも動かなくなるのである。生産能力の二〇パーセントという厄介な生産調整のために、ヴェスタクは装置を二週間ごとに止めては動かすという非常処置を取った。それにより多少のコストの軽減が許れたとしても、二週間も停止させた機械は、新たに運転開始する際に摩擦による損傷を起こし、その修理にかかる経費によって、休止により浮かせたコストは相殺された。

鉄鋼産業の悩み

こうした状態に置かれた鉄鋼産業が利益を上げるどころか、生産と販売にかかった総原価も回収できず、さらには自己資産を侵食し始めるのは自明であった。しかしそれでも生産は続けられなければならない。私企業にとって生産休止は企業の倒産を意味している。たとえ倒産に向かいつつあると認識されても生産を止めることはできない。それが私有財産に基づく巨大企業の宿命である。鉄鋼業界のトップは問題の解決に頭を悩ませていた。彼らは状況を打開すべく活発な政界活動を繰り広げていく。

鉄鋼業界のトップ達は、大恐慌によって経済危機が具体化するはるか以前からヒトラーを支援していた。一九二三年、つまりヒトラーがビアホール一揆に打って出ていた頃、すでにヴェスタク総帥のフリッツ・テュッセンはドイツ国家社会主義労働者党への帰依を表明し、百万マルクの資金援助を行っていた。やはりヴェスタクの一翼となるゲルゼンキルヒェン鉱山の名誉会長エミール・キルドルフは一九二七年ヒトラーと初対面で、その考え方の「仮借ない首尾一貫性と明快な関連性」に感激し、「ただアドルフ・ヒトラーの政治のみが目的を達するであろうという認識」を早速、近しい産業界や経済界の友人に説き回った。

一九三〇年以来、ヒトラー率いるドイツ国家社会主義労働者党は、重工業界から年間二百万マルクを受けていたといわれる。ライン・ヴェストファーレン州の石炭産業に至っては石炭が一トン売れるごとに五ペニッヒをナチ党に献金することを決めていた。ミュンヒェンで男を上げた「ビアホール一揆のヒトラー」は石炭・鉄鋼というドイツ基幹産業の中心、ルール地帯の支持によって「次を狙う男」になった。

無論、ヒトラーは財界の援助に頼り切るようなまねはしなかった。そんなことでナショナル・コンセンサスなど、得られる筈がないのである。ナチズム運動の財政は基本的に浄財で、党費によって賄われていた。しかし一九三一年、ブラジルのコーヒー投棄騒動直後の選挙で第一党に躍り出た後躍進を続けるナチスも、一九三二年十一月の選挙で得票を減らすという事態に遭遇した。政権を直前にしての退潮ムードにショックを受けたのは選挙活動に疲れた党員ばかりではなかった。ヒトラーに望みを託す財界の面々も同様であった。

一九二五年にフリッツ・エーベルトが死に、新たな大統領に、ヒンデンブルクをタンネンベルクの英雄として担ぎ出したのはルーデンドルフであった。そのヒンデンブルクに、首相をヒトラーにと活発な政界活動を繰り広げていたのは基幹産業のトップである鉄鋼業界であった。大統領ヒンデンブルクにヒトラーの首相任命の請願運動を起こしたのである。すでに十一月半ば、この請願書は大統領ヒンデンブルクのもとに届けられた。二十名の署名の中には帝国銀行総裁シャハト、ケルン銀行頭取フォン・シュレーダー、商業銀行頭取ラインハルトなどと共に無論、フリッツ・テュッセンの名があった。この請願書に出ていないライン・ヴェストファーリア石炭シンジケートのアルバート・フェーグラーやグーテホフヌング冶金株式会社のバウル・ロイシュなどは、政治的に表立って動けないが、請願書に賛同する立場であることをヒンデンブルクに伝えた。

しかし財界の努力にも関わらず、プロイセン武人らしく一徹者のヒンデンブルク大統領はこの請願に聞く耳を持たなかった。側近中の側近、というよりも指南役というべき影の独裁者ルーデンドルフはこの「伍長あがり」（ヒトラー）を軽蔑し続け、あんな男を使ったらドイツは滅びるとまで言って猛反対していた。けだし天才的戦略家ルーデンドルフの慧眼であろう。ルーデンドルフの失策といえばそもそも彼がミュンヒェン・ビアホール一揆をヒトラーと一緒に起こしたことである。ルーデンドルフの威名を怖れる司法やメディアが一揆の責任を専らヒトラーに押しつけたことが、この伍長あがりの軽輩をかの独裁者ルーデンドルフと同等の重要人物に押し上げたのである。いずれにせよ、財界の請願運動は、経済界が広くヒトラーを支持していることを示す最も効果的な示威運動であった。

暖炉の語らい

一九三三年一月三十日、ヒトラーはついに政権の座についた。ドイツは戦争をやる。これはヒトラーの意志であり、ドイツ国家の国家欲動を体現するルール石炭・鉄鋼業界の意志であった。戦争をやるためにドイツの経済や外交が順次、手を打っていかなければならない。二十世紀の生んだ有数なマルクス主義哲学者の一人アルフレート・ゾーン＝レーテルはこの時期まだ亡命できずにドイツに滞在しており、しかも首相官邸に入り込んで、自らの目で見、耳で聞いた最高決定会議の内情を報告しているのだが、その『ナチス経済』によると、この会議は、一九三五年十月十日から十一月末まで、党および参謀本部の首脳が首相官邸の、暖炉の備えられたヒトラーの職務室に週に一度集まって行われた会合で、「暖炉の語らい」と呼ばれた。顔触れは党副総裁ルドルフ・ヘス、海軍のレーダー、軍大臣で参謀本部を代表するフォン・ブロームベルク、空軍のゲーリング、外務大臣フォン・ノイラート、財政大臣シュヴェーリン＝クロージク、経済大臣で帝国銀行総裁シャハトの面々である。ヒトラー自身は口を差し挟まずにただ臨席している。

一九三五年十一月、「暖炉の語らい」の醸し出すロマンチックな気分に染まりながら話を弾ませている内に、ソ連への攻撃開始は一九三九年春と決定された。本来、ドイツの軍備計画は一九三四年に六年の年月と三三〇億マルクの予算を見越して立てられており、それによればソ連への攻撃は一九四〇年にようやく可能になるはずであった。しかしそれでは遅すぎると判断されたのである。ただし一九三九年に戦争開始を予定するということは、軍備計画を六年から四年に圧縮して、全速力で達成しなければならないことを意味する。それはドイツの産業界の合理化に合理化を重ねた挙げ句、持て余している潜在的生産能力のすべてをフル回転させる待ちに待った機会であるには違いない。このあまりの強硬案に異論を唱えたのは国防経済を司るトーマス大将であった。この案を実行すれば、国民が疲弊し切ってしまい、その後にくる戦争を戦えなくなる恐れがある。戦争は武器資材だけではなく、人間という資材をも必要とするのである。しかし「暖炉の語らい」のロマンチシズムは潤いのない悟性的判断のすべてを凌駕した。人の熱気に水を掛けるような悟性が首をもたげるたびに、ゲーリングは夢見る面持ちでヒトラーに語り掛けた。

「総統、我々は一九三九年にはロシアとの戦争を始めたいのだということをお忘れになりませぬように」

「暖炉の語らい」はドイツの持てる生産力の一切を戦争へと切り変えさせた。軍需と結びついた鉄鋼産業はまさに生産に生産を重ねる。戦争経済は戦争の開始までに武器・弾薬を取り揃えればよいというものではない。戦争開始後に、戦争が無限に消費するであろう武器、弾薬、戦車、戦艦、要塞、その他諸々を即刻補充できる設備を生産しておかねばならないという恐ろしく「工業生産的」なシステムである。巷では、この「設備投資」が「好景気」の雰囲気を醸し出していた。ちょうど、ワイマール共和国時代の「相対的安定期」が設備の合理化によって活性化されていたのに似ている。

問題は軍需産業の「設備投資」が終わった後である。万端準備の整った設備が生産を始める武器という商品は、その使用価値が人間の内的欲求をかなえるものとして日々の生活に戻ってきては都合の悪い商品である。武器は、どこか自分の知らないところで使われることを願って作られる交換価値だけが取り柄の商品である。しかも生産された商品は戦争によって消費する以外に使用価値のない商品である。使い道がなければ、商品は貯まる一方となる。

しかし武器はワインとは違う。古ければ付加価値が付くというものではない。しかもこの商品は年々技術革新の激しい分野であり、ある年の産物が年代物として珍重されるわけでもない。あまり貯めこんでおくと時代遅れになる恐れが大きい。したがって適当に輸出する他はない。

大きな市場はスペインと中国にあった。スペイン内乱といえば、ルーデンドルフの言う総力戦の行き着く先の全貌を端的に示していた。総力戦とは、一般市民と兵士を区別しない戦争である。ゲルニカ爆撃は戦闘員と非戦闘員を区別しないどころか、人間と牛も区別することなく、殺戮した。そしてこのゲルニカのわずか八年後にヒロシマ・ナガサキに投下された原子爆弾が総力戦の行き着くところを如実に示すことになるのである。しかしそれはまだ先のこと。今は希望に燃えて戦争を準備し始めたばかりである。ドイツは他に先駆けて軍拡競争に入った。ドイツの軍事予算の増大を見て、他の列強も軍備拡張競争に入った。武器は生産過剰の傾向を見せる。

世界中に武器がダブつけば、それが一挙に使用される日がくる。その日は、これまでただ交換価値のために生産に励んでいた労働者が晴れて戦争市場に赴き、それぞれの国の労働者が作った商品の使用価値を死ぬほど満喫する日である。ドイツはスタートのリードを守らなければならない。商品を輸出できるためには国際競争に耐える品質と価格が前提となる。品質はメイド・イン・ジャーマニーで自信がある。価格も抑えに抑えてある。機械は合理化に合理化を重ねた。それは間接的余剰価値である。

しかしそれだけでは足りない。労働者の搾取による直接的余剰価値を思う存分、利用しなければならない。さいわい、ワイマール共和国時代の末期には七百万の失業者がいた。賃金の高い安いは問題ではない。「賃金の好景気ではなく大衆の好景気」（ナチのスローガン）、みんなが揃って働けることが大事なのだ。二十四時間のシフト労働だ。「労働は自由にする」（ナチのスローガン）の精神が必要だ。多少疲労が重なっても仕方がない。コーヒー・タイムを十分とろう。「コーヒー・タイム」はイギリス十八世紀半ば、産業革命を推進するマンチェスターの工場労働者から生まれてきた伝統ある名称である。コーヒーは、ろくな栄養がない割には人を元気にする。サクシュだ、などと言ってはいけない。それにドイツのコーヒーは、エンゲルスが『イギリスにおける労働者階級の状態』でこと細かに描写しているような、ウスッペラな「コーヒー水」ではない。本物のこってりしたコーヒーだ。ともかく「喜びによる労働」（ナチのスローガン）が大事だ。

ＩＧファルベンの大豆計画

やはりワイマール共和国時代の一九二五年、当時の有数な化学産業はイー・ゲー（ＩＧ）ファルベンとして合併した。全体国家が総力戦を準備するファシズム経済は恐ろしく生産的な経済である。しかもこの生産力は一面的に工業に依存している。ドイツ・ファシズムの経済体制は、「血と大地」という農本的な響きのスローガンとは裏腹に徹底的に高度産業社会的な経済体制である。それが四年という年月を切って全力で軍拡を押し進めている。

そのことは当然、ドイツの農業に打撃を与えていた。そのため、ＩＧファルベンは栄養価の高い戦時食、いざとなれば主食になりうる栄養源の開発研究に日夜励んでいた。ドイツの未来を支える主要食品、それは大豆であった。ＩＧファルベンは一九三五年、参謀本部に対して対ソ戦の戦時食として、栄養価の高い大豆の効用を開陳している。ロシアの寒い冬の朝を温かい味噌汁を飲んで元気に迎えようとしていたのではない。朝はコーヒーである。戦時には需要の高まる代用コーヒーのために大豆を確保する必要もあった。大豆増産は広大な土地を必要とし、ＩＧファルベンはソ連内に試験場を借り受けて大豆の研究を進めていた。いずれこの土地はドイツのものになると踏んでいた目論みには多少疑問が残るとしても、それが農芸化学産業の本来の姿であろう。ＩＧファルベンは大豆の開発のみにとどめるべきであった。

戦時中の食糧確保に関してもう一つ対処しなければならない重要問題があった。貴重な食糧がネズミなどの害獣によって食い荒らされてしまうことである。倉庫や食糧輸送船舶の食糧を食い荒らす害獣をいかに駆除するか、化学産業に与えられた喫緊の課題であった。ドイツ害虫駆除会社デゲッシュが設立されたのは第一次世界大戦の末期、一九一八年末であった。

デゲッシュは、「毒ガス開発の父」という不名誉な名称を与えられているノーベル化学賞受賞者フリッツ・ハーバーが開発した毒ガスを害虫駆除用に特化し、商品化する努力を重ねていた。フリッツ・ハーバーの時代にすでにＢＡＳＦ社の研究陣は害虫駆除剤の開発にあたっており、従来品をはるかに凌ぐ高濃度のシアンカリ生産方法を開発していた。

この方法は最終的に無競争の独占企業となったデゲッシュによってチクロンＢの製造に応用された。糧食を食い荒らす憎っくきドブネズミなどを駆除するのが目的である。不吉なのは、ナチズムの反ユダヤ主義キャンペーンが、ニュース映像などで、ユダヤ人を群れ集うドブネズミの映像と重ねて流し続けていたことである。ユダヤ人は、ドイツ・アーリア民族の貴重な穀物を食い散らかすドブネズミなのだ。ドイツ人はネズミ退治のためとあらばハーメルンの笛吹き男の不思議な技に依る伝統がある。ハーメルンの笛吹き男のいなくなったドイツは、別種の技を呼び起こす。化学産業のチクロンＢである。この不吉な文脈の流れでは、ある特殊な「竈《かまど》」を連想しないわけにはいかない。ナチス・ドイツの「竈」と言えば、「死体焼却炉」である。ユダヤ人の苦難が始まる。

ユダヤ人の苦難

ドイツ帝国の国家年鑑によると一九三三年から三九年までの間にドイツを離れた海外移住者は一一万七〇一四人に上った。さらにドイツ・ユダヤ人の中央委員会の統計では同期間に少なくとも二三万四〇〇〇人のユダヤ人が逃亡者としてドイツを去ったとある。これらはすべて宗教的ユダヤ人と一九三五年のニュールンベルク法によってユダヤ人と判決を受けた人びとであった。ドイツ帝国の年鑑では従ってユダヤ人逃亡者は秘匿されていたのである。

ニュールンベルク法とは、政権の座についたナチ党が早速、年来の政策マニフェストを粛々と実施するために定めた法律である。ユダヤ人は公共施設への立ち入りを禁じられ、カフェにも入ることができなくなる。カフェは公共施設である。ナチズムに先立つワイマール共和国という時代はコーヒー・カフェ文明が至上最高の輝きを見せた時代であり、ここにはユダヤ系の知識人や詩人・小説家の姿も多く見られたのである。

ナチス・ドイツの歴史的な犯罪の始まりを記すユダヤ人商店襲撃事件、いわゆる「水晶の夜」が起こったのは一九三八年十一月九日のことである。

「水晶の夜」以降、世界の世論がドイツのユダヤ人の生命に忍び寄る危機に注意を向け始めていた。イギリス政府は迅速に反応し、「水晶の夜」の三週間後には、ドイツからイギリスへの子供たちの輸送が行われた。翌年九月一日には戦争が始まり、この輸送は差し止められたが、しかしそれまでにおよそ一万人の子供の命が救われたのである。一九四一年秋に、公式にドイツでは海外移住を禁じる法律が発布されたが、事実上は戦争の勃発によりユダヤ人であれ、政治的逃亡者であれ、海外移住は不可能な状態となった。にもかかわらず一九三九年から四一年までの二年間に二万三千人のユダヤ人がナチスの絶滅政策を逃れて国外脱出を成功させている。

ドイツは高速道路やフォルクスワーゲンで景気回復の兆しを見せた。もうひとつ目を引く箱物行政が職の雇用を支えていた。ユダヤ人と限らず気に入らない人間の収監を予定した強制収容所である。

ユダヤ人はカフェへの立ち入りを禁じられたが、血統書付きのドイツ人はカフェへの出入りも家でコーヒーを飲むのも自由であった。第一次世界大戦中、ドイツの軍隊は食糧不足とコーヒー不足を経験して痛い目に遭っていた。その轍を踏まぬよう、食糧庁は実に綿密にことを運んだ。ナチス・ドイツは占領した地区で必ず食糧を押収した。コーヒーも配給制度が敷かれた。しかし一九四〇年、妙なことが起きた。ベルリン市当局が押収したコーヒー豆を市民に売りに出したのである。なにしろ本物のコーヒー豆である、販売は予約登録制を敷いた。ここにおよそ五百人のユダヤ人が登録していた。ダビデの星を身につけて公道を歩くユダヤ人だからといって、ユダヤ人にコーヒーを飲むことを禁じた法律はない。

後になって事が判明し、ベルリン市はユダヤ人へのコーヒー配給を拒否し、逆に公共秩序を乱したかどで罰金を払わせようとした。あるユダヤ人がこれを不服として法廷に持ち込むが、ベルリン市は、ユダヤ人にはコーヒーを要求する権利がないと主張する。法廷はこれを否定し、誤った法の解釈に基づく罰金は違法であるとの判決を出した。さすがドイツの司法と言いたいところであるが、結局、意味はない。この裁判に勝ってコーヒーを飲むことのできたユダヤ人たちは今度は、強制収容所に送られてしまうからである。一九四二年のことである。

強制収容所の建設ラッシュ、これも重要な経済活動である。奴隷貿易が重要な経済要素であるのと同じように、強制収容所も重要な箱物行政である。ドイツ国内でユダヤ人が虐げられているという噂は国際的に流通した。強制収容所が出来はじめた頃、国際連盟が調査団を派遣した。それを受け入れる側、つまり収容所側は、いかに収容所というものが困難な状態におかれた人々を収容し、処遇も悪くないものであるかを強調するために色々策を練った。そして考え出したのは、収容所内にカフェを作ることだった。窓辺に収容所の制服を着た囚人を座らせてゆっくりとコーヒーを飲ませるという光景を演出した。収容所を調査した人々は何の疑いも持たずに帰っていった。

ドイツのブラジル移民計画

ナチスは権力を獲得するや即座に、活発な南ブラジル移民計画を組織していた。目的はリオ・

グランデ・ド・スル州とパラナ州とを結んで一つにまとめ上げるのに足る数のドイツ人をブラジルに送り込むことであった。しかもドイツに多数の失業者がおり、新たな職の可能性を求めているのである。「自発的労働者再教育協会」なる組織の委託を受けたヴァーゲラー某が研究調査のためにブラジルに赴いたのは一九三三年三月であった。財務省は一万二千マルクの補助金を出している。任務はブラジルの沿岸都市トルレスの港湾プロジェクト、鉄道布設の予備調査の他に、リオ・グランデ・ド・スル州に新たに四万のドイツ人家族を送って、広大かつ結集した居住地域を建設する可能性を調査することであった。

ブラジル政府は従来一つの地域に一つの国籍の移住者が集中して住むことになるのを警戒していた。ドイツ外務省は当然、このような企画が非常な危険をはらんでいることを警告している。「このようなおよそ四万家族の結束したドイツ人移住地帯の構想にはブラジルの国家社会主義のサークルから異議が唱えられて当然である。もしこのプロジェクトの背後にＮＳＤＡＰ（ナチ党）と鉄兜団のサークルがおり、多数の未婚者を結束した隊型で連れていく目論見を追求するならば、上の異議はただただ強められるだけであろう。このような計画が好ブラジル的サークルの中で引き起こすであろう警戒感は、他にドイツの側から目下、ブラジルで行われているより小さな移住計画を巻き添えにしてしまうであろう」。

調査団は四万のドイツ家族が結集して住めるような場所はリオ・グランデ・ド・スルにはないことを報告した。しかし次善の策は決まっていた。その場合はパラナ州を南ブラジル・ドイツ併合計画の起点にする、いわば「トロイアの木馬」を据える場所とされていたのである。調査団はパラナ州の知事と予備会談を済ませ、次のような取り決めを行っていた。パラナ州が二万のドイツ人家族が移住するために三百万ヘクタールの土地を無料で貸与してくれるならば、沿岸のガラトゥーバからパラナまでの自動車道路を建設するというのである。

ドイツ外務省はこの計画を承認した。ここには道路や鉄道を作るという以上に大きな経済的政治的利害が絡んでいる。ドイツに欠けている植民地の代役を果たす国家が建設されようというのである。そのためには「ドイツの血」が注ぎ込まれなければならない。外務省の論理はこうである。植民者としてブラジルに移住するドイツ人の家庭は、彼らがドイツに止まっていた場合よりも相当多くの子供に恵まれるであろう。故国との関係が強く保たれれば保たれるほど、この外国のドイツ世界から再び価値ある人間労働力がドイツに還流してくることが期待されるというのである。

ドイツの移民に迫る重大危機

ナチス・ドイツが優先させる考え方は、ブラジルのドイツ人の血を新たな移住者によって「補充」することであった。これは緊急を要する課題であった。一九三三年十一月の時点、ドイツが営々と築いてきた長年の努力を無に帰させかねない新たな危険要素が切迫した。

行けや同胞海越えて

南の国やブラジルの……
未開の富を拓くべき
これぞ雄々しき開拓者……

第一回芥川賞受賞作『蒼氓』（石川達三）は一九三〇年（昭和五年）、日本中の疲弊した農村から神戸の国立移民収容所に集まり、小学校の生徒たちが歌う送別の歌に涙を流しながらそれぞれの悲しみや思いを胸に神戸を出航する九百余人のブラジル移住者を描いている。船の上では、ブラジルの中心産業であるコーヒーがすでに国際価格の暴落のために未来のない産業であること、ある農場主は収穫したコーヒーが売れないためにコーヒーの木三万本を焼いたというような、新移民にとって苛酷な現実が知らされる。時代背景は一九三〇年代で、コーヒーの歴史から見れば、ウォール街の株式大暴落に続いて、ブラジルはコーヒー投棄の地獄絵に象徴される時代である。

日本人のブラジル移民の文字どおり血と汗の滲む苦闘がはじまった。それはパウリスタのコーヒー農園で労働力を供給するコロノ（契約農民）として始まったのだという。コロノとしてコーヒー栽培なるものを知り、それから徐々に小さな地主となり、最終的にはコーヒー農園を自分で経営することが日本人移民の希望であり、夢であった。

一九二四年から一九三三年までだけでも、神戸の国立移民収容所を経てブラジルに移民した総勢は一一万一八六八人を数え、一九三五年にはブラジル在住の日本人は一八万人を数えている。日本は毎年三万人の移民を送ることを考えていた。この日本人移民の増加がナチス・ドイツの移民政策に巨大な危機をもたらしたのである。ブラジルのドイツ大使館はこうドイツに伝えている。

「ドイツ人社会は日本人の植民の実施によって特別な危険に曝されている。毎年、およそ三万人の日本人がブラジルに入植している。国の北部、アマゾン河一帯から始まった日本人の入植は、この百年の間、ドイツ人が無数の犠牲の末にようやく重要な位置を戦い取ったブラジルの南部に徐々に広がり、甚大な影響を及ぼし始めている。したがってこの日本人の植民事業に対してドイツの植民を対抗させることが絶対に必要である」

この「特別な危険」に鑑み、ドイツ政府は一九三四年以降、本腰を入れてドイツ人移住者の送り出しに努力する。一家族に一〇〇〇マルクを貸し付け、合計八〇〇家族がブラジルに移住した。同時に新たな土地の購入が勧められた。南ブラジルを乗っ取るための「トロイアの木馬」が着々と運び込まれているのである。

煖炉に燃えるコーヒー

しかし問題は、ドイツと日本の活発な移民活動を迎えるブラジル人の生活も逼迫していたことである。別の所で論じたコーヒー焼き捨て事件は、ブラジル経済が破綻していることを明白に示していた。社会には革命の気運が漂い始めている。コーヒーから工業へと転換しなければならないのは必然であった。しかしその工業化の資金をコーヒーの価格維持政策によって賄わなければならず、価格維持のためにはコーヒーの過剰分を破棄しなければならず、破棄にかかる費用すらまたコーヒー販売から捻出せねばならない。この悪循環から抜け出すことは難しかった。しかしともかくコーヒーに関わる商人みずからが工業化への道を探り始める他はなかった。

しかし工業化にとってもっとも重要な石炭は南ブラジル、リオ・グランデ・ド・スルで採掘される（一九五九年で二三三万トン）だけで、しかもそれは灰成分の多い石炭であった。重工業の大部分は木炭に依存していたのである。当時のブラジルでは小さな小屋があり、その中でモーターが一つ唸りをあげ、その周りに一人か二人立ち働いていればもうそれが「工場」であり、「産業」であった。

ブラジルの産業化を支える輸送産業に目を向ければ、レールは軽すぎ、一メートルの狭軌道、大方は単線である。それでも線路は明快に企業合理性を貫徹している。敷設距離が長ければ長いほど、商売は大きくなるという発想である。トンネルも橋も作らず、延々と線路が延びている。一方、サン・パウロやリオ・デ・ジャネイロのような大都市には近郊からの野菜が入らず、絶えず食品不足と新鮮野菜の高騰に苦しんでいた。

線路と平行して全天候性道路という不思議な名前の道路が走っているが、これは雨が降っても使える道路という意味である。この全天候性道路をバスで行けば、リオ・デ・ジャネイロとサン・パウロは七時間で行ける。列車なら十一時間から十二時間かかるところである。

地図で見ると海上を船で結べば良いと思いがちであるが、そうはいかない。造船は高度な技術を前提とする産業である。第一次世界大戦でブラジルが、本来、政財界に強い影響力を有するドイツ系移民の意に反して、アメリカ側についたのには、港に停泊中のハンブルクの船舶を接収できる魅力が大きかったからであった。海上輸送は当然、国の独占で、時間通りの運航は望めない。目的地を間違えるのはよくあることとして我慢しても、困るのは運賃が高いことである。結局、ブラジル国内の他の港湾都市から物資を運ぶよりも、大西洋の彼方から運び入れた方が安いという結果になるのである。大西洋の彼方、そこにはハンブルクとブレーメンがある。ハンブルクから運び入れる物資、それはドイツが過剰に生産している商品、ブラジルの工業化にとって必須の商品、石炭・鉄鋼製品である。

一方にヨーロッパ最大の石炭・鉄鋼企業の過剰生産力に苦しむ国があり、他方では石炭不足で難儀する国がある。そこでは石炭の替わりに過剰な生産物コーヒーを蒸気機関車の釜で燃やし、庶民は暖炉にコーヒーをくべて寒さをしのいでいる。石炭・鉄鋼に疎外され尽くしたドイツと、コーヒーに疎外され尽くしたブラジルとは互いに相手を必要としあっていたのである。X量のコーヒーはY量の石炭と交換される。それは資本主義商品交換社会の原理である。

コーヒー破棄以来、ブラジルがコーヒーへの全面的依存を脱し、工業化しなければならないのは必然であった。イギリス、アメリカ合衆国、ドイツなど資本主義諸国はブラジルの電気、ガス、鉄、市街電車および鉄道網を支配し、サン・パウロを中心にして工業化を進めていた。しかし人口の七〇パーセントが農村に住み、コーヒー、カカオ、ゴムといった、ブラジルの主要生産物を産み出すプランテーションの生産関係は資本主義とはほど遠い、奴隷制と封建主義とを濃厚に残存させたものである。ヨーロッパ中世の封建制度が領主と農奴の相互関係であった。農奴はその労働と生産物によって土地所有者を養う代償として土地所有者はまた農奴を外敵から守っていた。そこにはおのずと越えてはならない搾取の限界が定められていた。しかしラテン・アメリカの「封建主義」は、農民はただひたすら与え、領主はただひたすら得る立場になる。

ブラジルの奴隷制は確かに廃止され、コーヒー・プランテーションの所有者たちは共和主義を支持していた。しかしこの共和主義は必ずしもヨーロッパ的な意味で言うそれではないという。不平等、搾取、不公正など、植民地の過去に遡る社会悪はそのまま農民の生活の中に凍結したように残っていた。絶対的な力を持つ土地所有者を拘束する法は唯一、労働力の確保という原始的なものである。農園労働者は自己保存と、子供を生んで労働力の再生産をするだけの報酬を得るのである。しかしそれでも往々にして、健康に生きるのにも、幼児の死亡を防ぐにも十分ではない。

「労働者」という言い方は賃金労働者を想定させる。しかし、前に東アフリカでドイツ人植民者が黒人原住民を賃金労働者にしようとして苦労するのを見たが、二十世紀の半ばになってもブラジルの農園に働く労働者は、この世に貨幣というものがあるということを風の便りに聞いたことがあるといった程度である。労働の代価はたとえばボンスと呼ばれる一種のチケットで与えられ、それで必要な衣服を購うのである。サン・パウロのような比較的進んだ州のコーヒー・プランテーションですら、賃金が現金で支払われるのは一部に過ぎず、大半は小作地の借用で代えられていた。農園労働は一般に貨幣経済を知らないのである。当時、三千万人の非識字者を含めた「労働者」が貨幣経済も賃金労働も知らぬ前資本主義的生産関係を強いられていた。国民の三分の二がこのような労働を行っているところでは十分な国内市場を形成できる購買層が存在しないのは明らかである。生産はますます世界市場と外国資本に依存する悪循環に入り込み、ブラジル経済の一切がコーヒーの価格維持にかかり、コーヒーの焼き棄ても辞さない経済体制になる。

ブラジルはコーヒー大国であると同時に、コーヒーによって疎外された国家である。ブラジルの歴史はコーヒーの歴史である。経済生活がコーヒーに依存するために、当然、政治もまたコーヒーを中心に巡る。ブラジルのコーヒーの五二パーセントを生産するサン・パウロ州とそれに次ぐ生産地ミナス州は交互に大統領を輩出する。コーヒー・プランテーション所有者の寡頭政治である。コーヒー・プランテーションは歴史的に外国からの借款によって作られてきた。借款を返済するためにまた新たに外国の借款が必要となる。コーヒー・プランテーション所有者の背後には外国の資本がある。一旦、支配の座についたコーヒーと外国資本は意のままに知事と閣僚と議員を選出する。列強は互いに利害対立があるとはいえ、選挙となれば相互に意思疎通を取り合って協調する。

この苦難の時代に作家のプリニオ・サルガドは統合党を結成した。「神と祖国と家庭」をスローガンに、危機の打開を「強い男」の出現に求めたのである。ブラジルの各州が地方分権主義に傾くのを批判し、強固な結集策（統合）を掲げた。統合党はアメリカ合衆国よりも有利な条件を呈示していたヒトラー・ドイツと多くの経済契約を結び、急上昇した。イタリアのファシスタ党を真似た緑シャツ党というべき統合党は、イタリアやドイツのファシスト同様、半軍事組織である。しかしヨーロッパのファシズムと違って、民族の血の純血だけは主張しなかった。ブラジルの国家形成からして、ある民族の差別をしていては、国民的な支持は得られないからである。しかしその他の点では、反共、国粋、外国借款の清算など、ヨーロッパのファシズム政党と同じ政策であった。イタリアやドイツのファシズムと友好関係にあったのはいうまでもない。特にドイツは統合運動を支援し、併合を狙う南ブラジルの三つの州では警察や何人かの政治家は統合党の思いのままになっていた。統合党はドイツの南ブラジル併合の画策にとっても重要な機能を果たしていたのである。

一九二九年の大恐慌とコーヒー焼き棄ての後、大統領にはリオ・グランデ・ド・スルの知事だったヴァルガスが選ばれていた。ブラジルの国民生活の苦境、それは家庭の暖炉に燃えるコーヒーのアロマに現われていた。ブラジルの作家ジョルジェ・アマードはこの苦難の時代を、「暖炉にコーヒーが燃えていた頃」と表現している。ナチス・ドイツの首脳部が次なる総力戦を控えて、「煖炉の語らい」を進める時代、ブラジルの家庭の煖炉にはコーヒーが燃えていたのである。

コーヒーは炭ではない、と改めて強調したいのは、かつてコーヒーがイスラーム世界で流通を始めた時、コーヒーはコーランが食すのを禁じている炭ではないかと長く議論されたのを思い起こすからである。コーヒーは炭ほど強く焼かれていないというのが、かつてのコーヒー擁護の論拠であった。しかし、資本主義商品交換社会の論理ではX量のコーヒーはY量の石炭である。価値抽象の論理でコーヒーは炭と同じであるばかりではない。具象性においても、コーヒーは炭として蒸気機関車の釜で燃やされ、家庭でも、家族の語り会う煖炉の中で燃やされたのである。

プレステス

再度述べるが、ブラジルの歴史はコーヒーそのものの歴史であった。しかし一切がコーヒーという王様の陰に隠されているにしても、その陰に社会的騒乱の歴史を宿していることも自明であろう。この意味では一九二二年、ブラジルの歴史はコーヒーだけの歴史であることを止めていた。コーヒーのコーヒーによるコーヒーのための政治に対して革命が起きたからである。七月五日、コパカバナに駐屯する軍隊の十七人の尉官と一人の市民がブラジル国旗を千切って胸に当て、コパカバナの砂丘を政府軍に向かって行進を続け、血にまみれて倒れたのである。たった十八人の反乱であった。しかしそれはブラジル軍隊の若手将校による「中尉の運動」と呼ばれる持続的な革命運動へと通じ、一九二四年、一九三〇年、一九三五年とそれぞれ革命を引き起こすに至るのである。

そこから一人の国民的英雄が誕生する。ルイス・カルロス・プレステス。彼は一八九八年一月三日、リオ・グランデ・ド・スルに生まれた。二十六歳で斥候大尉となっていたプレステスは一九二四年十月から一九二七年二月まで、千ないし千五百の兵士を率いて、ブラジルの広大な国土をアマゾンの流域からアンデスの山中の鬱蒼と茂る原始林へと、荒野を二万六千キロにわたって

「長征」を行い、政府軍とのゲリラ戦を展開した。衣服はボロボロ、髭はボウボウ、羊飼いの集団のような無敵の大隊は生きた伝説、それを率いるプレステスはラテン・アメリカの生んだ「希望の騎士」であった。

一九三五年、ファシズムの気配はブラジルをも覆い始めていた。共産党議長となっていたプレステスは地下に潜る。ヴァルガスの警察がプレステスを探し出したのは一九三六年三月であった。プレステスに向けられた銃口の前に妻が立ちふさがった。二人は逮捕された。妻はオルガ・ベナリオ・プレステス。ドイツ人女性である。オルガはミュンヒェン出身で、プレステスと知り合ってブラジルに渡るまでベルリンで暮らしていた。

ヴァルガスはファシズムの枢軸国側寄りの外交政策を展開し、一九三六年にはドイツに大使館を置き、東京にも代表部を置いていた。ナチス・ドイツの南ブラジル併合の画策は自由自在であった。ブラジルは一九三六年四月、ドイツと最恵国待遇協定を結んでいた。一九三七年一月にはブラジルの秘密警察がドイツを訪れ、ゲシュタポ（国家秘密警察）の仕事のやり方を学んで帰っている。

その際、ブラジルの秘密警察はドイツ人であるオルガの身柄を「お土産」としてゲシュタポに引き渡した。

身重のオルガはベルリンにある女囚刑務所に収監され、そこで子供を生む。一年が過ぎようやく歩けるようになった子供は母親の下から連れ去られた。ナチス・ドイツでは反ファシストの子供は親から引き離され、孤児として育てられることになっていた。オルガの子供も孤児院に送ると伝えられるが、実はメキシコにいたプレステスの母親がドイツまで子供を引き取りに来ていた。オルガはそれを知らされぬまま、その後、ベルリンの北にあるラーフェンスブリュック強制収容所に移送され、死亡した。一九四二年のことである。

カフカの恋人ミレナ

ラーフェンスブリュックではもう一人、ドイツ文学にとっては忘れがたい女性が死んでいる。カフカがその女性に宛てて書いた大量の書簡『ミレナへの手紙』で知られるミレナ・イェセンスカ＝ポラク、通称「カフカの恋人ミレナ」である。

ミレナは元来、プラハに住んでいた。バルカン半島のコーヒー・カフェ文化華やかなりし時代である。カフェに足繁く出入りする人々の中には進取の気性に富んだたくましい女性達も数多く混じっていた。のちに女性向けの啓蒙記事や翻訳で活躍するミレナは、父の反対を押し切りユダヤ系銀行家と結婚する。二人の住むプラハはしかし第一次世界大戦末期、オーストリア・ハンガリー二重帝国に暗雲が迫る時期である。ドイツ系の人間である彼女たちはプラハに留まることに危険を感じウィーンに移り住む。

ウィーンは文字通り、多種多様なカフェ文化を誇っている。「カフェ・ツェントラル」という文化人・芸術家などの集まる有名なカフェがある。ここの常連アルフレート・ポルガーが「カフェ・ツェントラルの理論」を書き、「カフェとは、世界を観ないことを世界観とした人びとのための制度である」と定義した。カフェ・ツェントラルが「世界を観ない世界観の男たち」の避難所だったとすれば、「カフェ・ヘレンホーフ」（ドイツ語では男たちの宮廷を意味する）は、その名に反して女性の保護繁殖地域めいた雰囲気を漂わせていた。単なる女性ではない。ある種の新しい女性である。

ワイマール共和国時代のドイツ語圏には、都市別にカフェ誇大妄想狂と呼ばれるカフェが存在を競っていた。ミュンヒェンには元祖誇大妄想狂というべきミュンヒェン宇宙論派のたむろするカフェ・シュテファニーがあり、ベルリンにはカフェ・デス・ヴェステンス、ウィーンにはこのヘレンホーフがある。この種のカフェにたむろする文士の大半には著作がなかった。しかし、この常連たちは、著作などというものを残す人間に大した人物はいない、釈迦もキリストもソクラテスも自分でものを書くなどという愚行には手を染めなかった、未だ書かれていない思想が人の口から発せられたときこそ、世界に大変革がもたらされるのだと豪語していた。

このヘレンホーフにもオットー・グロースという誇大妄想系の論客が出入りしている。グロースは父権的世界への訣別を宣言し、「来るべき革命は母権革命である」と論じていた。

グロースの母権思想はミュンヒェン・シュヴァービング仕込みであるが、ミュンヒェンの母権思想派の中心的哲学者クラーゲスは東アフリカ植民地のヘレロ反乱やマジマジ反乱に際して、ヨーロッパ近代文明に対する「もっとも勇敢な抵抗」を果敢に戦い斃れたとして讃えていた。クラーゲスは父権的世界史の総否定を説く「元祖誇大妄想狂」であった。

カフェ・ヘレンホーフはこの意味で女性のためのカフェといえた。といって女性が強い、男性が強いなどというのは、ウィーン文化にはそぐわない。カフェはすべてを中性化してしまうとウィーン人は論じていた。それはともかく、ここで言いたいのは、ミレナがカフカにとって特別な「母」であったことである。

カフカが「母なるミレナ」と呼ぶ「生命をあたえる若い強い女性」ミレナは、ラーフェンスブリュック強制収容所の囚人たちに対しても、最後まで、気丈な「母」であり続けたと伝えられている。ミレナはユダヤ人ではないにもかかわらず、「もしナチスがウィーンを併合するようなことになったら、黄色いユダヤの星を付けて歩き回る」と公言していた。事実、その通り実行して見事に「政治犯」となったのである。

不気味な毒虫

翻訳家ミレナがチェコ語に翻訳したカフカの作品に『変身』がある。グレゴール・ザムザは「ある朝、目が覚めると不気味な毒虫に変身していた」という、あの不吉な物語である。不吉というのは、カフカがこの時代の風潮というべき人種差別を感じ始めていると思われるからである。

プラハのユダヤ人の家庭に生まれたカフカとミレナがカフェ・ヘレンホーフで会い、愛し合うようになったのは一九二〇年のことである。ドイツの人種差別思想の高まりが、黒人差別を介して大きく強化された時代である。カフカはミレナに宛てても「ヨーロッパ人からみれば、わたしたちユダヤ人は全く同じニグロの顔をしているのです」と書き送っている。『変身』の不吉な予感は、われわれがその後の歴史を知っているからであるに違いない。カフカの毒虫は妹の投げつけたりんごがもとでできた傷が化膿して緩慢な死を迎えるのであるが、ドイツは毒虫を駆除する特別な薬品を持っていた。カフカの『変身』に出てくる「毒虫」と訳されたドイツ語はウンゲツィーファー（害虫、害獣）と辞書に出てくるが、その本来の含意は、神々に犠牲として献げることのできない生き物の総称である。ユダヤ人が「毒虫」と同じ扱いを受ける日が来る。ドイツの農芸化学は、この種の毒虫を駆除する薬品を開発していることにはすでに触れた。チクロンBである。

一九四二年一月二十日、いわゆるヴァンゼー会議が開かれ、「ユダヤ人問題の最終解決」のためにベルリンに行政上の重要人物が集まり、ドイツの全組織を挙げてヒトラーの公約「ユダヤ民族の絶滅」を実行する段取りを決めた。ヨーロッパ大陸に一一〇〇万人いるとされるユダヤ人の絶滅計画の実行である。

ドイツに限らず、ナチス・ドイツの鉤十字《ハーケンクロイツ》に席巻された土地には大量の強制収容所が立ち並んでいる。その中で、ラーフェンスブリュック収容所は、特別な収容所であった。ここだけは、ユダヤ人を収容せずに、ユダヤ人に汚染されていないつまりユダヤ人ではない女性の政治犯だけを収容するといういかにも倒錯したナチズムの特殊施設として作られていたのである。ミレナはフェノール注射を打たれて死んだのでなければ、アウシュヴィッツに送られて死んだのでもない。

ミレナはこの時代としては類まれな幸運に恵まれた。もし、殺されずに死ぬことが、幸運と呼びうるのであるとしてであるが。

ミレナには腎臓に持病があった。病が日を追って悪化し、腎盂炎《じんうえん》の発作に見舞われた。死を悟ったミレナはしばしば故郷の歌を歌い、日に日に影の薄くなっていく自分の腕を見つめていた。ミレナを救う手だてはもはやなかった。カフカの恋人ミレナ・イェセンスカ＝ポラクは一九四四年五月十七日に死んだ。

オルガ・プレステスやミレナの死んだラーフェンスブリュックという強制収容所は、ベルリンから北に三十キロ。メクレンブルク州にある。メクレンブルクという地名をご記憶いただいているだろうか。コーヒーという飲み物がドイツに入って、啓蒙主義と古典主義文学の文学的描写素材としての地位を確立したばかりの時代、ドイツ市民牧歌のフォスがあの革命的な「七十歳の誕生日」を祝った土地である。ミレナやオルガ・プレステスの死んだこの土地は、本来、長年連れ添った老夫婦が子供家族共々、長寿を祝うことこそふさわしい土地だったのである。

第七章　アウシュヴィッツのコーヒー

一九四一年

一九四一年七月は、ドイツ国内でドイツ勝利の希望が最も強くなった時である。前年の一九四〇年にはフランスの鉄壁を謳われたマジノ線を迂回してフランスに襲いかかり、パリ陥落。フランスには親ナチ政権が出来た。戦争はますます現代的戦争の様相を備え始めた。戦争は、近代の国家秩序においては、国家と国家の間で行われる政治の延長であった。その意味でそれぞれの国の内閣が統括する「内閣戦争」であった。しかし、前述したように、現代の戦争は政府間の勝ち負けの取り決めによっては終わらない。政府が敗北を認めても、戦争は続く。パルチザンの動向が戦争を終結するかしないかを決める決定要素となったのである。フランスの場合は、ドゴール将軍に率いられた非正規の軍隊が強力なパルチザン戦を展開した。しかし、そんなこととは知らないドイツの民衆は、パリの凱旋門をハーケンクロイツをなびかせてパレードするナチス・ドイツの軍隊に酔い痴れていた。

一九四一年六月二十二日、バルバロッサ作戦と呼ばれるソ連侵攻作戦が始まった。そして一九四一年七月、ドイツ中のカフェは、バルバロッサ作戦の成功に狂喜していた。バルバロッサ作戦、ドイツ語ではバルバロッサ・ウンターネーメン、直訳すればバルバロッサ企画という、東ヨーロッパのバルト海と黒海を結ぶ全地域を統合する新時代を画する新企画のような名前を有する一大事業が開始され、その当座は、ドイツの電撃戦の威力がいかんなく発揮されたのである。バルバロッサ作戦の開始された直後の七月、ヒトラーも勝利宣言ともいうべき演説を行い、多幸症的に、ロシア侵攻の成功を祝っていた。歴史的に結果を知っているわれわれは、ナチス・ドイツの世界電撃戦の意味しているものを深刻に受け止めようとしない。戦車と飛行機が交互に最高速度で前進しながら世界を制圧するという計画に基づいたヒトラーの軍隊は、ロシアを押さえたならば、即座に黒海を起点にアフガニスタンまで進出し、電撃戦の許す限りの猛スピードで、進軍し、コーカサスからペルシアまで、ブルガリアとトルコを越えてシリア、リビア、さらにはイギリスに制圧されているエジプトに至るすべての地域を征服する計画なのである。この世界政策がヒトラー個人、ないしはヒトラー時代単独の思いつきではなく、むしろプロイセン・ドイツの伝統となっているゲルマニア帝国の夢であることを忘れないでおきたい。

ロシアの勝利をあっさりと冬将軍の到来に帰してしまうのは、他の重要要素を忘れさせる。冬将軍の登場の露払いは泥濘期である。ロシアの冬将軍の到来の前触れとなる「ぬかるみ」が戦争の、総力戦の帰趨を決める。総力戦は国家の有するあらゆる要素がその持ち味を存分に発揮する戦争である。ドイツの誇る戦車隊はロシアの、かつてはあのナポレオンを苦しめた「ぬかるみ」

に快進撃を妨害されたのである。気候ばかりではない。総力戦は、軍馬も軍鳩も徹底的に活用する。そしてあの健気な犬たちの大活躍も忘れるわけには行かない。戦車の下に潜り込むとご褒美を貫える条件反射を仕込まれた軍用犬が、大量の爆弾を背負ってドイツ戦車の下に潜り込み、戦車と共に散華したのである。

総力戦のもたらす総動員の一つの理想型を日本の人間魚雷回天に見たのは『総動員』のエルンスト・ユンガーであるが、総力戦が消費する戦争資材は人間だけではない。森林は踏み倒され、犬たちは戦時訓練を受けて死ぬのが当然と考えるのが総力戦である。総力戦は人間と動物と自然の有する総ての力を徹底的に消耗する。

真珠湾

ナチス・ドイツの快進撃が続いて、連合国側の託せる望みは第一次世界大戦の時と同様、唯一、アメリカの参戦である。しかし、ドイツはアメリカの参戦を避ける努力を慎重に重ねていた。アメリカの輸送船を潜水艦で沈没させてアメリカを参戦させてしまった第一次世界大戦の失敗は繰り返したくない。イギリスのチャーチル首相の強い希望にも関わらず、アメリカは参戦できないでいた。

ドイツ・ヨーロッパの戦場をよそ目に、アメリカ合衆国が世を挙げて議論していたのは、『風と共に去りぬ』のスカーレット・オハラ役の女優の配役選定であった。結局は五千五百万人の死者を生んで終わることになるこの戦争を早く終わらせるためにチャーチルとルーズベルトが何を陰謀し、何を実現しようとしていたかなどまったく関わりなく、アメリカ人は酒場やカフェに集い、コーヒーでも酒でも手当たり次第に飲み交わしながら、世界中から提案のあった一二七人の女優のうちからあのクソ生意気な女性、しかし最後には感動的な「タラに帰ろう」と叫んで全アメリカ人の（そして戦後には全世界の）観客の紅涙を搾り取るスカーレット・オハラの役を演じる女優を誰にするかの公共的議論に没頭し、会社が選んだヴィヴィアン・リーの決定に対して、ニューヨーク・タイムズは四頁抜きで論評を加えた。これはアメリカ合衆国という国の桁が違い、次元の違いを示している。それはまさに、広大に広がる綿花畑で働く黒人奴隷の支える南部の文化が「風と共に去」ったアメリカと、相も変わらず国家上層部の主導する戦争プロパガンダで動くヨーロッパとの次元の違いとも言える。

そうしたアメリカ国民に戦争はしないと公約して選ばれたルーズベルト大統領が自分から公然と戦争を切り出すわけにはいかない。ある事態が起きるのを待っていた。総力戦が要求する物資確保の努力に日本が痺れを切らして音を上げる時が来るのをである。そしてついに、一九四一年十二月八日、日本は真珠湾を襲撃した。この報を聞いたチャーチルが「これで勝った」とほくそ笑んだのは確実であろう。第一次世界大戦は、石原莞爾の言い方を借りれば、「欧州戦争」であった。日本の参戦をもって戦争ははじめて「世界大戦」の名にふさわしい広がりを持ったのである。

アメリカとアジア大陸の間に広がる静かで平和な海に包まれた真珠の湾とともに第二次世界大

戦以降の世界総力戦のもう一つの新たな焦点となるのはパレスチナであった。

パレスチナ

パレスチナにユダヤ人の祖国を再建しようとするシオニズムの運動は第一次世界大戦時にドイツのとった世界政策と大きな関係がある。ドイツの３Ｂ政策と言えば、ベルリン・ビザンティン・バグダッドとこだまが返る。この三都市を結ぶ鉄路はしかし、トルコとシリアとヒジャーズ（アラビア半島の紅海沿岸）とが線路で結ばれ、これは今日なお、トルコ、シリア、ヨルダン、北アラビア、そしてイスラエルとパレスチナのかなりの部分の鉄道網を構成しているのである。そしてヴィルヘルム二世のとったオスマン・トルコとの連携に立つジハード戦術が対象として含み込むのが、リビア、スーダン、メソポタミア、コーカサス、イラン、そしてアフガニスタンに及ぶのであれば、この戦略はイギリスにとって脅威であった。エジプトの安寧が乱されれば、イギリス・インド二重帝国の安定の基であるスエズ運河の安全確保が難しくなる。まさにこの時点で打たれたイギリスの外交戦略がバルフォア宣言である。バルフォア宣言の根本的動機はドイツの脅威であった。

パレスチナにユダヤ人の祖国を再建しようというシオニズムの思想は、もともとドイツ語圏の思想であった。シオニズム運動の公用語はイディッシュ語とドイツ語であり、その本部はベルリンにあった。イディッシュ語とは、中部ヨーロッパからロシアにかけて居住したアシュケナージ系ユダヤ人の言語である。言語表記にはヘブライ文字が使われ、見た目にはいかにもヘブライ語であるが、語彙、発音の面ではドイツ語に近く、文法的にはゲルマン語に属す。ハンナ・アーレントによれば、ドイツ語を話す者なら数十のヘブライ語の単語さえ覚えれば、誰でもわかる言葉であるという。

シオニズムの祖テオドア・ヘルツルはオーストリア人で、フランスのドレフュス事件を取材していた時、ヨーロッパの反ユダヤ主義に対してユダヤ人の国の建国をもって応えようとした。彼が強い関心を寄せたのは、プロイセン・ドイツ帝国の近東政策であった。ヘルツルはドイツ皇帝と面談してユダヤ国家を建設することが、ドイツの近東政策に対していかに有益であるかを説いた。ドイツが東アフリカ植民地の安定化を精力的に推進している時代である。ヘルツルは、ヴィクトリア湖を挟んでドイツ東アフリカ植民地に向かい合うウガンダにユダヤ人国家を建設することを考えていた。

第一回シオニズム会議が一八九七年、バーゼルで開かれた。目的を国家建設に狭隘化したヘルツルの政治主義的なシオニズムに対して精神的シオニズムともいうべき立場から異論が唱えられた。精神的シオニズムの祖はマルティン・ブーバーであった。ラーフェンスブリュック強制収容所でミレナの最期を看取ったイェセンスカ・ブーバー＝ノイマンの離婚した夫の父である。

この時代の総力戦の第一の定石は、相手国内の革命派を支援して、相手国を混乱に陥れることであった。大英帝国に対抗するためにトルコを介してアラブ人に反大英帝国ジハードを訴えたドイツのことである。イギリスと組んだロシアを苦しめるためには、ロシア帝政の下で呻吟するユダヤ人を味方に引き入れるためにシオニズムを利用しようとするのも当然であった。ユダヤ人のシオニズム運動を味方に引き入れることは、第一次世界大戦を総力を挙げて戦う双方にとって戦略的重要課題であった。まさにドイツとの総力戦を繰り広げる最中、イギリスの外相バルフォアは、ロスチャイルドに対して、イギリスはユダヤ人が「ナショナル・ホーム（民族郷土）」を作ることに賛同するといういわゆるバルフォア宣言を発したのである。バルフォア宣言によって、親ドイツ的シオニズムはイギリスによってハイジャックされたとも言えるであろう。

　しかしそこから必然的に生じるのは、入植を始めたユダヤ人に対する排撃運動がパレスチナの土地に燃えさかることである。われわれが前に見たカフカとミレナは、パレスチナに移住することを考えていた。しかしその時期、一九二三年十月、パレスチナでは反ユダヤ暴動が頻発していたのである。もしミレナが一九二三年の時点でパレスチナに行っていれば、ラーフェンスブリュックで死亡することもなかったのかもしれないと言いたいのではない。ミレナの名を出して思い出してほしいのは、チェコ人でキリスト教徒のミレナが収容され、死去したラーフェンスブリュック強制収容所は、ユダヤ人の絶滅を期して働く運動の最中においてなお「ユダヤ人に汚染されていない《ユーデンライン》」強制収容所を作るというナチス・ドイツの倒錯した反ユダヤ主義を貫いた女性専用の強制収容所であったことである。ユダヤ人を集める強制収容所群島においてすらユダヤ人を排除するという倒錯した論理を実行するナチス・ドイツが、その脅威を逃れてパレスチナの土地にユダヤ人が集まり、「祖国＝民族郷土」を建設する運動にどう対処するのかは想像するまでもない。ユダヤ民族の絶滅を公約するナチス・ドイツとパレスチナのユダヤ人の排撃を掲げるイスラーム教徒との間に生まれる不気味な共闘関係をわれわれは見てゆかねばならない。

アラビア・コーヒーに弾む会話

イギリスの新進気鋭の歴史学者ショーン・マックミーキンによれば、一九四一年十一月二十九日、アドルフ・ヒトラーはベルリンの総督官邸で、一人の賓客を相手に、アラビア・コーヒーに舌も滑らかに語り続けていた。昔のスーフィズム教団では、一杯のコーヒーを飲み交わすことは友誼の始まりを意味した。しかしここにあるのは、コーヒーを飲み交わしながら交わされた、恐らく世界史に類を見ない不気味な友誼と同盟である。

まず、この日付を確認しておこう。ドイツのバルバロッサ作戦が始まり、ドイツ国内では戦勝ムードが最高に盛り上がった夏が過ぎ、ロシアではようやく冬将軍の援軍到着が近づき、ドイツ国民は代用コーヒーに明け暮れしているころである。

ヒトラーの会話の相手はエルサレムの大ムフティー、ムハンマド・アミーン・フサイニーである。フサイニーはオスマン帝国皇帝アブドラハミド二世の下、ドイツ・ヴィルヘルム二世と共に、汎イスラーム主義のジハードを戦った古強者である。バルフォア宣言はパレスチナのイスラーム教徒とユダヤ人との間に大きな亀裂を生んだ。フサイニーは一九二〇年四月、エルサレムの流血を伴う反ユダヤ暴動を主導し、四人のユダヤ人を殺害した廉で追跡され、ダマスクスに逃亡していた。しかし、この事件は、パレスチナの委任統治政府にパレスチナのムスリムの不満が可能な限り解消されなければならないことを教え、イギリスは一九二一年、英国領パレスチナの宗教問題を管理するための最高ムスリム協議会を創設、そのアラブ人顧問官の職にこのムハンマド・アミーン・フサイニーを指名した。史上最悪といわれる指名である。彼は名うての反ユダヤ主義者であった。しかし、彼の思想は、ユダヤ人の入植によってパレスチナを追われたイスラーム教徒たちの圧倒的な支持を受けており、しかもシオニストは、数の上では完璧な少数派である以上、イギリスはそのようにして、更なる挑発を避けようと考えたのである。

　パレスチナ・イスラーム教徒たちの繰り広げる反シオニズム運動は激しさを増すばかりであった。アラブ高等委員会の指導の下、大々的なゼネストがうたれ、イスラーム教徒の蜂起グループによるユダヤ人攻撃や英国軍との衝突が断続的に続いた。また、蜂起グループはユダヤ人への土地の売却を禁じ、パレスチナ・アラブ人貧困層の債務無効を宣言した。これに対してユダヤ人の側も軍事組織の拡充に努め、両コミュニティーの対立は後戻り不可能な段階へと突き進んでいったのである。フサイニーは一九四一年六月、バグダッドでの反ユダヤ・ポグロム（集団的迫害行為）を主導し、一一〇人のユダヤ人を殺害し、数百人を負傷させ、数千人から財産を没収した。古来、イスラーム世界の誇る大都市として当然数多くのユダヤ人の住み着いていたバグダッドは、二十世紀にほぼゼロ、ユダヤ人のいない《ユーデンライン》都市となったのである。

しかし、フサイニーはバグダッドの事件の度の過ぎた大活躍で亡命を余儀なくされ、まず、日本大使館に逃げ込んだ。日本はフサイニーが信頼し、頼りにする枢軸国の誠実な同盟国である。日本大使館は、枢軸国を渡り歩くフサイニーにとって格好のスタートポイントである。フサイニーは日本大使館からイタリアに亡命。さらにドイツに渡って、同年十一月二十九日にはヒトラーと会見し、アラビア・コーヒーを飲み交わして話を弾ませる段取りとなるのである。一杯のコーヒーを飲み交わすことは友誼の始まりであり、相手の身の安全を保障するとイスラームの初期のコーヒー文化は伝えている。ヒトラーもコーヒーを飲み交わした遠来の客を篤くもてなした。月に七万五千マルク、ベルリン、クロップシュトック・シュラーセに召使い付きの家屋、運転手付きのメルツェデス・ベンツその他が完全配備された豪勢な亡命生活がこのアラブ人に保障された。

ヒトラーとフサイニーは、ユダヤ人に汚染されていないパレスチナの未来を語り合った。イスラーム法の最高権威は、「総統を完全に信頼し、アラブ人の共有する三つの敵、つまりイギリス人とユダヤ人とボルシェヴィキに対して戦う」と誓った。それを受けてヒトラーは、ドイツはユダヤ人に対する妥協のない闘争をやり抜く決意を語った。具体的な内容は、パレスチナの土地にユダヤ人の国家形成を不可能にすると同時に、ヨーロッパにおける反ユダヤの闘いを徹底させることである。ヒトラーの発言は、ヨーロッパのユダヤ人を絶滅するというヒトラーの計画の半公式の宣言であった。このコーヒーを飲み交わしながら弾む会話の直後ともいえる翌四十二年二月二十日、ナチス・ドイツはユダヤ人問題の最終解決のための最高首脳会議、通称ヴァンゼー会議を開催し、ドイツはその持てる全行政組織を上げてユダヤ人問題の最終解決、ユダヤ人絶滅計画の実行に入るのである。

スターリングラードの攻防の前後から近東の攻防は激しさを増していた。ドイツの大戦車隊を率いるロンメル将軍はついにスエズ運河を脅かすに至った。フサイニーは、もし沙漠の虎・ロンメル将軍がカイロを制圧した場合に、アテネに駐屯するエジプト投入部隊を派遣することをアドルフ・アイヒマンと語らっていたと言われる。ひたすら自分の置かれた環境の要求する職務を忠実に果たしただけのアイヒマンの「悪の陳腐さ」（ハンナ・アーレント『イェルサレムのアイヒマン』）はのちにアイヒマン裁判で問われることになる。それはともかくとして、大ムフティー自身はテルアビブの水道システムに毒を撒くことを計画していたという。ヒトラー・ドイツとフサイニーの手からパレスチナの五十万のユダヤ人を絶滅から救ったのは、スターリングラードでのドイツの敗北であった。

しかし、ユダヤ人問題の最終解決（絶滅）という非道な出来事は他の場所で現実のものと化そうとしていた。

ブナ第四工場

近代社会の戦争経済は合成樹脂ゴムの消費量を飛躍的に伸ばした。ＢＡＳＦなど、ドイツ有数の化学産業は従来から諸外国の高分子化学産業との関係を強め、イタリアやオランダ、そして日本と取引関係に入って久しい。これらの国々から輸入した原料からメタノールやアンモニアを製造するのである。ゴムの獲得に大きな意味をもっていたのは、東アフリカ植民地であるが、これも第一次世界大戦で失われた。ドイツは、ロシアとの戦争を可能にするための必需品というべきゴムを国外から輸入して、数多くのブナ工場が建設されることになったのである。

ブナとは、ＩＧファルベンの化学者たちがブタジェンとナトリウムから合成したゴムの商品名である。

バルバロッサ作戦が日程に上った時点で新たにブナ工場を立ち上げるに際して、問題はそれをどこに作るかであった。新工場は中間製造物や副産物を低コストで生産できる総合化学工場という魅力溢れる、相当な金額と技術を結集する工場である。これは空襲の恐れのない土地に作らねばならなかった。前年ドイツが仕掛けたイギリス本土爆撃が頓挫していたことは、問題を複雑にしていた。選ばれたのは上部シュレージエン。ポーランド侵攻の後、ドイツ東部と称されるようになっている土地であった。連合国の空襲の恐れはない。しかし問題は、労働力をどう確保するかであった。もっとも近くの街らしい街はクラカウであるが、八十キロも離れている。シュレージエンの町アウシュヴィッツ自体は人口一万五千でしかない。一大工業団地というべきブナ第四工場を支える労働力を提供できる人口ではないのである。

ドイツ当局はむろん、ドイツ領としたシュレージエンの土地のドイツ化を計らねばならなかった。ドイツ人を移民に誘い、人口増大を計り、この土地に工場を建設する企業には免税も計らねばならないだろう。しかし、この土地の人気は高まらなかった。ポーランド語でオシフィエンチムという名を変えてアウシュヴィッツというドイツ名を与えたが、響きが良くない。アウは河岸、河岸は例えばセーヌ河畔のように、恋人が仲むつまじくしている風情は悪くはないのだが、組み合わせが悪い。シュヴィッツは「汗をかく」を連想させる語である。恋人たちが汗をかくこともなくはないであろうが、河岸で大汗をかくのは、チグリス・ユーフラテス河でもミシシッピー川でも、結局、沼沢地で汗を流す奴隷労働のイメージが重なる。

『夜と霧』でアウシュヴィッツの実態を克明に伝えたヴィクトール・フランクルの見たこの土地のイメージも決定的に悪い。閑散とした土地に、幾つかまばらに、厳密には六つ、バラックが立つだけである。しかもこれらのバラックは煙草工場として使用されていた。ナチズムのファシストは筋金入りの禁煙ファシストでもあった。チェーンスモーカーは、性根の腐ったユダヤ人のイメージなのである。結局アウシュヴィッツは、健康長寿志向のドイツ人の住みたがる場所ではない。

その土地にドイツの化学産業の雄というべきＩＧファルベンのブナ第四工場を建てるというのである。労働力をどうするつもりなのか。ヨーロッパの国々はそれぞれの国の有するすべての人的エネルギーを戦争に差し向けた総力戦のまっただ中なのである。ドイツの「計画」は戦争捕虜の労働力をあてにしていた。一九四二年一月二十五日の日付をもつヒムラーの命令書にはこうあったという。ロシア人の捕虜は期待できなくなったので、今後は、ドイツから出国したユダヤ人の男女を大量に強制収容所に送ることになる。四週間以内に、十万の男性ユダヤ人と五万のユダヤ女性を受け入れる手筈を整えよ、大規模な経済的委託が数週間のうちに強制収容所にくるだろうというのである。

ＩＧファルベン・ブナ第四工場とアウシュヴィッツ・ビルケナウ強制収容所とでは、そのどちらが先に建設を決定されたのか。ＩＧファルベン・コンツェルンは、強制収容所の囚人を強制労働者として使用した最初の私企業であったので、この潜在的な労働力割当量が企業経営の根底に組み込まれ、アウシュヴィッツという場所を選んで立地する決定要因であったのではないかという嫌疑が起こるべくして起きたのである。

ＩＧファルベンは、歴史にただ受動的に翻弄されただけと言い張るには強大すぎる企業であり、この企業の果たした役割は大きな謎となって残る。とりわけこのＩＧファルベンがアウシュヴィッツ強制収容所のすぐ近くに工場を建設して、強制収容所の囚人を労働力として使用したことが、そもそもこの私企業の及ぼす範囲内におさまるものであるのか、それともそもそもそれを計算した上で工場立地の場所決定したものなのか、はニュールンベルク裁判の大きな争点の一つであった。国際犯罪としてのＮＳＤＡＰ（ナチ党）と一蓮托生でＩＧファルベンを「犯罪組織」として歴史から抹殺してしまうとすれば、戦後のドイツ化学・医薬品産業は成り立たなかったであろうことも明らかであった。

ＩＧファルベン・ブナ第四工場は極めて高度な生産力を示した。この土地が選ばれた空襲の恐れがないという条件は、一九四四年、アメリカ軍が南イタリアに滑走路を築き、アウシュヴィッツを空襲射程圏内に収めたことによって崩れた。しかし、ブナの製造に遅滞を見せたＩＧファルベン・ブナ第四工場はもうひとつの製品製造、死体製造に関しては最後まで、予定の製造工程を保持し続けたのである。

ブナ・スープとそのカロリー

アウシュヴィッツ強制収容所で毎朝飲まれていたスープはブナ・スープと呼ばれていた。コーヒーの歴史を最初から追ってきた本書にとっては、「ブナ」という言葉がアフリカではコーヒー豆を指していた言葉の偶然に驚く。東アフリカのブナからとったスープはエチオピアから紅海を渡り、イスラム・スーフィズムの世界から黒い「ザムザムの水」として世界に広まったのである。アウシュヴィッツのブナ・スープがコーヒー豆から採ったというのではむろんない。ブナ・スープには、コーヒーのアロマは漂っていない。アウシュヴィッツ強制収容所のそばに建てられたＩＧファルベンの第四ブナ工場の製造する合成ゴムの臭いがきつく臭った。

近代は色素が大きな利潤を生み出した時代である。『戦争と平和』でも『風とともに去りぬ』でもよい、この時代の戦争を描く映画を見れば、すぐに分かるように、この時代の戦争はまず色鮮やかな軍服を着た大量の兵隊が登場する。軍服を色鮮やかに染め上げる自然色素は主として植民地産物である。植民地を持たないドイツの弱点であるが、色素にすら不自由するドイツが一大転機を迎えたのは、ドイツの所有しない自然色素を補う化学産業が育ち、そこからまた薬品産業が育ったことである。それらの化学産業が総結集してできたのがＩＧファルベンである。ＩＧファルベンとは、直訳的に言えば「色の利害共同体《ファルベン》」である。

IGファルベンのブナ・スープはいかにもIGファルベンらしく、日替わりで色を変える。褐色、緑、黄色。野菜というよりは雑草と言うべき食材がそれぞれの色をつける。運が良ければ、ジャガイモのかけらが浮んでいることもあったにせよ、栄養価は極端に少ない。このような食事事情を生き延びるための身につけなければならない習性は、いかにお腹を空かせていても出されたスープ鍋に飛びつかないことである。スープは上が薄く、下が濃い。その差は平均寿命日数の歴然とした差となって現れるのである。色の濃いスープを採ることができるのは古参の囚人であった。

パンはその日のうちに食べ尽くすこと。パンは円形のものを五等分して夜に配られる。配られたらすぐに食べ終える。翌朝に、コーヒーを飲みながらパンを食べるなどという生活習慣は命取りになる。夜のうちにパンが盗まれれば直接、死に繋がる。従ってパン泥棒は大罪である。パン泥棒が見つかれば、死の制裁が加えられる。それがこの極限的な生存の場で施行される社会正義である。

一日にマーガリンを三グラム、週に一度、三〇グラムのソーセージ、一〇〇グラムのチーズないし擬乳が栄養のすべてである。囚人は夏時間の五時、冬は六時に起床、三十分ほどかけて来るべき一日の用意をする。それからお昼まで働き、一時間の休憩。この時間にいわゆるブナ・スープを採る。その栄養価は個々の囚人の所属する民族と宗教によって差別される。その後、夏は十八時まで、冬は十七時まで労働。その後、帰宿行進、点呼。乏しき時代の乏しき食事はその他のことに従事することを不可能にする。二十一時消灯、夏は二十一時三十分。全体として日々の摂取カロリーは一〇〇〇から一二〇〇カロリー、囚人の果たさなければならない仕事に対しては余りに少ないカロリーであり、この栄養源では人体が胃酸や腸液を生産できないために、頻繁に下痢を起こす。この生活を続ければ、確実に週二キロないし四キロの減量に通じる。普通の人が、この条件で栄養の欠落を自己の体力で埋め合わせることのできるのは三ヶ月。囚人の多くが病気になり、死ぬのは不思議ではない。囚人が体力を落とし、いかにも見るからに病人に見えてくると、「回教徒《ムーゼルマン》」と呼ばれる。

「回教徒《ムーゼルマン》」

強制収容所は特異な隠語を流通させた。神経を弱め、痩せて、病気になったユダヤ人囚人をなぜか「回教徒《ムーゼルマン》」と呼ぶ。ユダヤ人を回教徒と呼ぶ悪質な悪ふざけが何に由来しているのか説得的な説明は見当らない。囚人が命脈潰えて崩れ落ちる様が、イスラーム教徒が一斉にマッカの方角を向いて祈りのために倒れ込む様を思わせるからなのか。

「回教徒」の名を与えられた囚人は病人と同様に即、注射あるいはガス室送りにされる。ダッハウやラーフェンスブリュックのようなガス室を具えていない収容所の囚人はアウシュヴィッツに送られる。アウシュヴィッツに到着して、諸々の映画や写真で有名な「死の門」を潜る囚人たちは、ダンテの神曲地獄篇と同じく、「あらゆる希望を棄てなければならない」。

ヨーロッパの遂行する総力戦はヨーロッパ各国で労働力の枯渇を招いていた。究極の「働かざる者、食うべからず」の論理が施行されたのは、東アフリカ植民地の黒人労働者に対してであった。IGファルベンは労働力を必要としている。労働力、しかもIGファルベンの多少とも高度な知的労働にも耐え得る労働力を保持した囚人は入念に選抜される必要があった。一回の列車輸送で送られてくる囚人は五千人規模である。労働に耐えると判断された囚人は、「喜びを通じての労働」に加わることができる。しかし労働に耐えないと判断された四千人を越す囚人たちはすぐに「処理」された。大半は女性と子供である。

ルドルフ・ヘス

アウシュヴィッツ強制収容所の所長がルドルフ・ヘスである。ルドルフ・ヘスは普通の男の子だった。ドイツの普通の家庭の普通の男の子はいつかある時、家を飛び出し、自分で生きていく術を身につける。ルドルフ少年は十五歳八ヶ月、一九一六年八月一日、家出をした。行くあてに困って、軍隊に入った。一定期間訓練を受けて配置された戦場はパレスチナである。オスマン・トルコの軍隊と行動をともにする。行き先は当然、コンスタンチノープルである。それから先の行き先がパレスチナといわれた。しかし実際に向かったのはバグダッドであった。何度か負傷しパレスチナに戻る。トルコと組んで戦うとはアラビア人を敵にすることである。やがてトルコが敗北、休戦に応じる。ルドルフはバルカン半島をひたすらドイツに向かって歩くさなか、ドイツの敗北が知らされる。ドイツに帰り着いた時はヘスたちは迷子部隊。食い詰めた兵士たちに提供される職はない。ヘスは義勇軍に入り、バルト海沿岸地域でリトアニア軍やリガ（現在のラトビア共和国の首都）の軍隊と戦ったが、しかしこの軍功もドイツ政府の認めるところとはならず、ヴェルサイユ条約を呑んだドイツ政府に不満を募らせるその時期に、フランス・ベルギー連合軍によるルール地帯占領と左派系労働者によるゼネストの鎮圧など、この時代の争乱を通過しつつ遂にＳＳ（ナチス親衛隊）に加入した。強制収容所専門のＳＳになったのが一九四〇年である。

そしてこの翌年には、ヒトラーとフサイニーの会談が持たれ、翌る四十二年一月にはヴァンゼー会議が開催され、ナチスは全力を挙げてユダヤ人問題の最終解決に向かって動き始めた。ヘスには早速、重要任務が回ってくる。アウシュヴィッツ収容所長職である。詳述してきたようにブナ第四工場は労働力が逼迫している。経済的に有効な労働力を確保し、役に立たない囚人を除去する仕事がヘスに授けられて、いよいよヘスにとって「死は我が職業」となる。

不要な要素をいかに迅速に除去するか、ヘスは比較的近くに隣接するトレブリンカ強制収容所に研修に出た。ここでは処理すべき囚人をトラックに乗せ排気ガスで殺すという、精神科の医師によって精神病者を処分するために考案された方法が取られていた。一台のトラックに二百人を乗せ、排気ガスを浴びせる。時間も費用もかかり過ぎる方法である。世界電撃戦と戦っているドイツにはトラックの一台一台が、そしてそれが消費するガソリンが、すべて貴重品なのである。アウシュヴィッツはトレブリンカとは違う方法を考案しなければならない。

敵の殺戮が問題であるならば、最新の化学兵器を使うのが手っ取り早い。毒ガスは確かに国際法によって禁じられた。しかし相手がいつ使い始めるかわからない武器に対しては対抗策を講じるのが戦争の常である。各国の政府が表面上、毒ガスの使用禁止に合意しているとしても各国の軍隊は毒ガスを所有していたのである。ドイツの毒ガスを所有する軍隊とは国防軍である。ここに難題がある。国防軍は、ＳＳが一定量の毒ガスを国防軍に要請して使用するとなると、警戒を強めた。ＳＡ（突撃隊）とＳＳという国家暴力装置が国防軍という伝統的なドイツの暴力装置の独占に手をつけることを、国防軍は絶対に許容しないからである。

毒ガスの使用に関して苦境に陥ったヘスに「天佑」が訪れた。アウシュヴィッツ収容所がナチ党高官の視察を受けることになり、視察の入る前には収容所を綺麗に清掃しなければならないという必要が生じたのである。三十年間、汚物の清掃されたことのないアウゲイアースの牛小屋の汚物を洗い清めたヘラクレスの偉業を思い出すまでもなく、清掃は偉業となりうる。ヘスの偉業は収容所からシラミとネズミを駆除することである。そして害虫駆除に関して、ヘスは以前ポーランド砲兵隊の兵舎から害虫を駆除するために使用したことがあるチクロンBを思い出したのである。あの殺虫剤の殺人能力を試さなければならない。実験は、商品名チクロンBを納入した商社からガスマスクをつけた技師がついてきてものものしい警戒の中で行われた。ビルケナウの二百人の労働不適格者、つまり将来は「回教徒」と呼ばれることになる人々が集められ、壁に穴が開けられそこからチクロンＢが注入された。たちまち阿鼻叫喚の巷と化し、戸や壁にぶつかる激しい音がした。しかしまもなく叫びはおさまり、物音も静まり返り、五分後には完全な沈黙が支配した。ＳＳにガスマスクをつけさせ窓を開け放って空気を入れ替え、数分待ってから室内に乗り込むと、死体製造工程はその作業をすべて完了させていた。実験はヘスの希望をはるかに凌駕する大成功であった。

チクロンＢ

ヘスの課題は明確であった。研修で訪れたトレブリンカでは一日二十四時間のフル操業でも五百個の死体しか製造できない。アウシュヴィッツではその六倍、日に三千個の死体を製造しなければならないのだ。どう処理すれば良いか。それがヘスに課せられた任務である。ヘスは理系的な人間である。発想の根底には実験室のイメージがある。まず実験室だ。二つの建物に「殺虫室」と看板を掛けて、実験が始まった。

二百人の「回教徒」を処理するのには、缶一個のチクロンＢで十分である。一缶、三マルク五〇ペニッヒ。発想を根本的に変える必要がある。まず生産個数二百に固執する必要はない。一回の処理個体数二百規模と考えているのは、トラックの規模を考えているからなのだが、抜本的に考え方を変えよう。ドイツの軍隊がユーラシア大陸全体で兵站線を高速に伸ばしながら動き回っている時に、不要な労働力を処分するために貴重なトラックやガソリンを使うのはナンセンスだ。トラック一台、二百人という根本条件を捨てることから始めよう。囚人は一回の列車輸送で二千人運ばれてくると考えよう。それを一気に処理する巨大建造物を作ることから考え始めるのだ。チクロンBの殺傷力はそれでも十分間に合うのである。一つの部屋で列車一台分、難無く処理できるだろう。

ヘスが大規模な死体製造工場を構想することによってはじめて、のちのちわれわれのイメージに定着するアウシュヴィッツ・ビルケナウの形が見えてくる。「死の門」を入り口にした巨大な、頑丈なコンクリートで固められた強固な建造物が作られなければならない。そこは処理される幾万もの囚人たちが絶望的に体を壁や戸にぶつけてくる。彼らの体力の限りをかけて壁にぶつかる音も声も一切外に聞こえてはならないのだ。ガス処理の済んだ部屋は、換気のために窓を開け放つわけにはいかないのだから、最新の高性能換気装置を開発しなければならない。

アウシュヴィッツのコーヒー

最新の科学技術を結集して作られる施設で画竜点睛ともいうべき、細心の注意を払って打たれねばならぬ最後の難問がある。殺虫室の戸口の前に立たされたユダヤ人囚人や「回教徒」たちが彼らを囲む巨大な死体製造装置のすべてのからくりに気付いて絶望的反抗に出る危険はあるのだ。

毒ガスのシャワー室に入るか、経済的な有効な囚人としてブナ工場に送られるかの選別を終えてシャワー室行きと選別された囚人たちはシャワー室に入るために立ち並ぶ瞬間が一番の緊張点である。囚人がおかしな気配を感じ取り、騒動を起こしては面倒なのだ。ここを入念に仕上げねばならない。壁の向こうで起きていることが気付かれ、その想像だけでも人に伝わるようなことがあってはならないのだ。囚人は殺虫室に入るのではなく、シャワー室に入るように感じさせる必要がある。そこで、シャワーの後にはコーヒーが待っていると伝えた。

手前には脱衣所がなければならない。脱衣所にはそれらしくベンチも外套掛けも用意する。そしてシャワー室に入る人々は出てくる時を考える。シャワーを浴びた自分が最初にすることは自分の衣服を探すことである。しかもシャワーを浴びた後には、コーヒーを飲ませると言ったのだから、自分の衣服を綺麗に畳んでおくだろう。ナチスの倒錯したエコロジーはリサイクルの精神を徹底させた。囚人の残した遺物は徹底的に再利用される。そのために囚人たちがその最後の遺物を綺麗に畳んで残したことは遺品整理に大いに役だった。シャワー室に向かう囚人たちに、コーヒーを出すと言わせるのはヘスの着想の総仕上げであった。囚人たちの心理的障害を除去し、その後にコーヒーを飲むという予定が入ると、囚人たちのオズオズした立ち居振る舞いがすべて日常茶飯のスムーズなリズムを取り戻して自然の流れについたからである。

ある一人のSS髑髏隊の隊員からきわめて説得的な提案がなされた。シャワーを浴びた後にコーヒーが出されることが本当であるように見せかけるためには、工場の周りにコーヒーを淹れるための器具を揃えた炊事車が用意されてしかるべきだというのである。こう主張したSS髑髏隊員は自宅から炊事車を用意してきて、アウシュヴィッツの工場壁面に停車させた。するとどう見ても建物はコーヒーが飲める空間、カフェがある場所としか見えず、死体製造工場とは思えなくなる。あたりにはほとんどコーヒーのアロマが漂っていた。

総力戦と代用コーヒー

平時のドイツに流通するコーヒー豆の大半はハンブルクのチボーか、ブレーメンのヤーコプスかと決まっている。ヤーコプスはスペイン、セファルディ系のユダヤ人で、ナチス時代に苦難を味わった。ユダヤの商人のもとには、悪代官さながらのナチの行政官が定期的に訪れ、みかじめ料を要求する。

コーヒー交易の礎を築いたヴァルター・ヤーコプスの孫に当たるルイーゼ・ヤーコプスは一家の歴史を探査し『カフェ故郷《ハイマート》』を上梓した。ルイーゼは可哀想な女性である。たまたまコーヒー王とも呼ばれる家系に生まれついたのが運の尽き。大企業の跡取りともいうべき子女に期待される明晰な頭脳の持ち合わせがない。挙げ句は精神を病んだと診断され、スイスの精神病院に入院させられた。しかし、ルイーゼは幸いにも文章を書く才能に恵まれ、ヤーコプス・コーヒーを企業として引き継ぐのは諦め、しかしカフェを故郷とするカフェ文士のドイツ的伝統を引き継ぐことにしたのである。その内容は、本書を書き進めるのに役立つ充実した内実に溢れている。例えば戦争末期のドイツにはコーヒーが途絶していると考えてしまい勝ちである。しかし、彼女の本を読むと、それは間違いであるとわかる。軍部はいつでも隠匿物資の宝庫である。コーヒーも十分あった。コーヒーが市中に出回らないのはひとえに、コーヒーを運んだり焙煎したりする人間がいなくなったためである。総力戦は人間・材料を総動員し、消耗・殲滅し切っている。ヤーコプス社ではコーヒー販売は従業員の欠乏で中止していた上に一九四四年に焙煎工場が接収された。ドイツの営む総力戦の末期的現象はコーヒー焙煎工場をジャガイモ粉末製造工場に衣替えすることを要求したからである。

ハンブルクやブレーメンは昔からイギリスと縁が深く、カフェもまた古くから立っていた。しかし時代が変わり、かつてイギリスに近い地点でイギリス的なコーヒーハウスを作り出したハンブルクやブレーメンは、今ではイギリスに近いがために、イギリスにVロケット攻撃を行うための前線基地となってV兵器の弾薬工場が立ち並んでいたのである。Vロケットは、ドイツが奇跡の逆転勝利を掛けた秘密兵器である。制空権を確保したイギリスが徹底してハンブルクやブレーメンに激しい空襲を加えた。

コーヒー倉庫の建ち並ぶハンブルクやブレーメンは、ヒロシマ・ナガサキの悲劇と比較される手ひどい空襲を受けていた。人びとはパニックに陥っている。しかしパニックに陥っているのは軍人も同じである。しかし、軍隊にはいつでも隠匿物資がある。ある時、ドレースデンの軍隊から注文が入った。「われわれにはコーヒーがある。急いで焙煎してほしい」。毎日が自転車操業のヤーコプスである。こうした注文が入れば、一週間は余命を延ばすことができた。またある時は、ミュンヒェン駐屯部隊から電話注文が入った。「空襲でみんな、パニックだ。われわれのところには生豆がある。大急ぎで、焙煎して送って欲しい。コーヒーさえくれば、人びとも少しは落ち着くだろう」。確かにそうである。コーヒーさえあれば、人びとは落ちつく。恐慌を引き起こしかねない心理状態が欲するのは、昔からコーヒーである。

スターリングラードの攻防戦でドイツの敗北が決定的になった一九四三年二月、宣伝大臣ゲッベルスはスポーツパレスで後々有名となる演説をしている。「君たちは総力戦を欲するか」。ゲッベルスはベルリン大管区総督でもあり、ベルリン市民はこれ以降、毎日この「総力戦」の掛け声を聞かされることとなる。故郷戦線《ハイマートフロント》部隊が結成され、年若い少年兵に至るまで、ドイツ国民は最終最後まで消耗戦を強いられることになる。ヒトラーは一九四四年七月二十五日、総統本部命令を発し、不要不急の業種の操業停止を命じた。鉄道・郵便などに従事する男子は国防軍備に回される。もちろんコーヒー産業などに従事するすべての男子、コーヒーを淹れる人やコーヒーを運ぶ人の存在は不可能になるのである。

故郷戦線部隊が結成され、最後の少年兵に至るまでの消耗戦が始まる。ベルリンを完全に包囲した連合軍がその後もベルリンに入るまで苦戦を強いられ、相当な死傷者を出したのはもっぱらこの年端も行かない少年たちの決死の祖国防衛戦によるものであった。むろんそのための代償として失われたドイツの若い生命の数も知れないのである。二十世紀の三十年戦争は、ヒトラーとゲッベルスが妻や家族と共に自決してようやく終わった。

ドイツのコーヒー復活

地上のあらゆる植物から作り出された代用コーヒーの中でも特に注意を引くのは「甘いコーヒー」である。ポーランド人ヴィエスラフ・キエラールの書いた『地球のアヌス――アウシュヴィッツの五年間』は、一九四〇年にアウシュヴィッツに収容されて以来、解放にいたるまでの五年間をルドルフ・ヘスの支配するアウシュヴィッツの実際を伝えているのであるが、その中で、アウシュヴィッツの囚人いじめの「立ち牢」が描かれている。坐ることもむろん寝転がる余地もない牢屋に立たせ続けるいじめである。アウシュヴィッツは激寒の土地にある。そのようないじめにあったキエラールが、コーヒーを飲む時、「コーヒーは熱くて甘かった」とある。幾多の「回《ムー》教徒《ゼルマン》」に囲まれて生きるキエラールが「回教徒」にならなかったのは、この熱く甘いコーヒーのためではないかと思われる。代用コーヒーにはコーヒー独自のアロマやカフェインが欠けているかもしれない。しかし栄養価はあるのだ。しかもそれはとりわけ子供の健康を気遣って育て上げたドイツの伝統品なのである。

　アウシュヴィッツのルドルフ・ヘスはガス室に入る囚人たちにシャワーの後でコーヒーを出すと言った。囚人たちが落ちついて静かにガス室に入っていった時、脳裏に思い浮かべていたコーヒーはそんなコーヒーであったに違いないのである。

ルイーゼの『カフェ故郷』は語る。敗戦直後のドイツでは上品質のコーヒー豆が手に入らなくなって、ブレーメンのヤーコプスは移転を余儀なくされ、新たにジャガイモ粉末工場を代用コーヒー工場に建て替えて、生産に励む。コーヒー、むろん代用コーヒーである。ドイツの敗戦とイギリス軍の進駐で「ドイツのコーヒー」が復活した。ドイツ伝統の、イチジク、アンズの種、穀物、トウモロコシ、ライ麦、大麦から作られた代用コーヒーである。

戦争が終わったからといって、直ぐに本物のコーヒー豆が入って来たわけではない。長い間、潜水艦戦争によって閉ざされていた大西洋を渡って、ブラジルから本物のコーヒー豆がようやくとどいたのは一九四七年であった。しかし本物のコーヒー豆の輸入の質と量の条件が整備されるまでは、もっと時間がかかった。

もっとも深刻な問題は、人間が揃って故郷に戻ることである。二十世紀の三十年戦争という総力戦は人間を消耗し尽くしているのだ。ヨーロッパ全体から推計五千五百万人の死者を出して戦争が終わった。出征した良き人びとの多くは帰らなかった。しかし生きている人びとがいる。そして生きている限り、人は故郷に帰ってくる。『戦争が終わった時』という短編を書いたハインリヒ・ベルは記している。戦争に出ていた兵士に、最も強く故郷を実感させるのは、女性の匂いとコーヒーの香りであると。あえて注釈すれば、そこに本物のコーヒー豆などある筈もない。たとえそのコーヒーが代用品であっても同じである。甜菜《てんさい》コーヒーだってそれなりの香りを立てる。それがドイツのアロマなのである。

代用コーヒーJ

ヤーコプスは戦後最初のコーヒーを出した。もちろん代用コーヒーである。ヤーコプスの代用コーヒーはサトウキビ八〇パーセント、チコリ二〇パーセント。ルイーゼに言わせれば、これこそが代用コーヒーの黄金比であるという。この黄金比は他のコーヒー業者にも推奨・伝授された。一袋二五キロ。最初の出荷が倉庫を後にしたのは一九四五年五月。商標は「代用J《エアザッツヨット》」。そのものずばりの見事な商標というべきであろう。ギリシア語の第九の字母イヨータ、ヘブライ語で言えばユッド。ルイーゼに文字神秘主義の気配はないが、Jの文字に込めた思いはなみなみならぬものがある。Jはヤーコプスの頭文字でもある。ヤーコプスとは、創世記で神と戦ったが故に神《エル》と戦う人としてイスラエルと名乗るよう神から命名を受けたヤコブに連なる民の名である。ナチ時代には、すべてユダヤの男子はそのセカンドネームをイスラエルと定められていた。女子はサラである。そんなバカげた時代が終わった。ヘブライ語のユッド（ﬞ）は文字言語の最小限の点を表すと同時に、神の四文字（JHVH ヤハウェ）の頭文字でもある。ﬞは、小さく鋭く直角に交差する姿からすべての文字の生成を可能にする「渦巻く源泉」（ゲルショム・ショーレム）である。ゲルショム・ショーレムのユダヤの文字神秘主義的な『神の御名とカバラの言語理論』によれば、ユッドは直角に交わる二つ鉤で出来ている。ユッドはあらゆる言語の運動の湧き立つ源泉であり、これが無限へとみずからを分岐し、異化してゆき、しかしその後弁証法的転倒を起こして再びその中心へ、源泉へと戻ってくるという。ショーレムにとって、ユッドの文字に印された円環的運動という原理は特別に神秘的な意味を持っている。みだりに口にしてはならない神を示す四文字がユッドで始まるのは、神秘的であると共に首尾一貫性というものかもしれない。代用コーヒーJは、二十世紀の三十年戦争を終えたドイツのコーヒー文化がまた新たな開始を告げるにふさわしい名称である。

寒さとコーヒーの記憶

ドイツの戦争は、竈にくべる石炭も尽き、すべてを消耗し尽くして終わった。戦争の終わった一九四五年の冬は、連日マイナス二〇度を下回る記録的な厳冬であった。この冬、暖炉にくべる石炭を有していた家族は幸福な家族の部類に属す家族であったといえよう。

その少数の部類に属していたのはジーメンス・コンツェルンの総帥とも言うべき、ドイツ銀行総裁を勤め上げたゲオルク・ジーメンスである。彼は一九四七年、自伝『教育的生涯』を出し、その最後の章を「決算」と題して、この厳冬の夜、わずかな薪の燃える暖炉に寄り添う三人の特徴的な「暖炉の語らい」を記している。

若者「あなたは先ほど運命と罰を区別され、罪というテーマに関して政治的な出来事をお話しになった。罪とはこうした政治的な失策と悪事とで尽きるとお考えになるのですか」

老人「いや、ぜんぜん違う。本当の問題はようやくこれからなのだ。区別しなければならないのは、思うにふたつある。ひとつは政治的な罪で、わたしがさっきいくつかほのめかしたような、たいていは、たとえもっぱらというのではないにしても、ある特定の個人のせいにすることができる罪。（たいがいの歴史的記述や公開文書、回顧録、中傷文書はこれに関わっているのだが）。もうひとつは――なんと名前を付けたらいいのかわからないが――多分、いちばん簡単に人間の罪とでも呼べばいいような罪なのだ。なぜって、自分の生きる時代に責任を感じているすべての人間がそれを犯しているからなのだ、例外はまったくの原始人ぐらいのものだ。この人間の罪はもちろん国際的なものだが、われわれドイツはこれをあまり強く主張しないで、まず自分たち自身の身の回りをよく見、反省してみた方がいいだろうね。ましてやわれわれは破滅に至ったこの数十年の間、常に交錯する光線の焦点に立ち、多くの精神的潮流を代表してきたために、自分たちの心のありようを探究してみることによって他の人々の心性を覗くことができるかもしれないのだから」

博士「一般的人間的罪を探して心を探究することに関してだけれども、あなたは以前、折りに触れて言ったものですよ、今日の科学技術は言わば人間の頭越しに大きくなってしまった、だから人間は自分で造り出した物への支配力を失い、ゲーテの魔法使いの弟子みたいなことになってしまったのだってね。この種の詩的な比喩ってやつはいつだって芳しからぬ点があるもんです。魔法使いの弟子は箒を元の場所に追い戻す呪文を忘れてしまったのでしたよね。それなら人類は、自分たちの作ったものを支配できるようになるために秘密の呪文を必要としているのだろうか。明らかに違う。そのために人類が必要としているのは理性ですよ。理性があるじゃないですか。でなかったら道具なんて作れたわけがない。じゃあ、なぜこの理性は道具を正しく使用するには足りないのだろう」
老人「そう、なぜだろうね」

二十世紀の三十年戦争は科学の戦争であった。なぜ人間は科学技術を正しく使うことができなくなったのか。科学技術を使いこなせなくなった魔法使いの弟子の不安を抱えながら、世界は第二次世界大戦後も総力戦体制を推し進めることになるのである。
戦争から兵士が帰ってきて四年、戦後初のブラジルのコーヒー豆が入るようになってコーヒー市場が比較的安定してきた一九四九年、ドイツ連邦共和国BRDがボンを暫定的首都として誕生した。ドイツ連邦共和国（ブンデスレプブリーク・ドイチュラント）、略してBRDである。BRDという子音三文字の連なりは、アラビア語の三語根ならば寒さの観念を表す。BRDという国名は、「回教徒」の記憶を経由して「冬の蛙」（プリーモ・レーヴィ『アウシュヴィッツは終わらない』）のように凍えた身体を温めた「回教徒《ムーゼルマン》のコーヒー」を記憶するためにこそふさわしい文字記号である。

第八章　極東の総力戦と一杯のコーヒー

三国同盟

ユーラシア大陸の西の果てから「土地なき民」ドイツと共に辿ってきたコーヒーの世界史も話を閉じるべき場所に近付いたようである。

ドイツのコーヒーの歴史はドイツの世界政策と重なり合う歴史であった。本書ではドイツ、皇帝ヴィルヘルム二世の世界政策を比較的詳しく追ってきたが、ヴィルヘルム二世の世界政策を実現するのに力を尽くしたルーデンドルフの東部戦線で働いていた若い軍人にヨアヒム・リッベントロップという貴族出の軍人がいた。この世代の軍人がみなそうであるようにリッベントロップもヴィルヘルム二世・ルーデンドルフ的な世界政策を受け継いでいる。

ゲルマニア帝国が、大英帝国と、その弟分でありながらすでに超大国の素質を見せるアメリカ合衆国との海上権力同盟に対抗できるためには、ユーラシア大陸を東に向かって歩を進め、大陸大同盟を推し進める方策しか残されていないのである。そのためにはドイツの東のツァーリズムの、あるいは共産主義のロシアのもっと東に存在する強力な国家と結んで、ロシアを挟み込むような同盟関係を結んで大陸大同盟を完成させることである。ルーデンドルフ的な「ゲルマニア帝国」構想の直接の名残は特に著名な地政学者として日本に滞在したカール・エルンスト・ハウスホーファーの出現以降、リッベントロップのユーラシア大同盟政策として生きているのである。その方向の具体的結果が日独防共協定（一九三六年）であった。

しかし、日本とドイツの接近が始まる以前のワイマール共和国時代には、ドイツと中華民国の関係は蜜月であった。ヴェルサイユ条約で兵力削減を強いられたドイツ国防軍の立て直しに尽力していたドイツの将軍ハンス・ゼークトは、中華民国の南京に滞在していたが、中国とドイツの軍事的連携は日本に不都合な点があった。満州事変以降、日本は中国の抗日パルチザン闘争に苦しんでいた。特に日本の脅威となったのは、国共合作である。パルチザン闘争は、戦場となる故郷の自然や風土、山岳や河川を熟知していることが最大の威力を発揮する戦争形態である（カール・シュミット『パルチザンの理論』）。中国八路軍とドイツの近代兵器との協力関係は日本が忌避したいものであり、日独の軍事的接近は日本陸軍にとっては好ましいものであった。

しかし、米英を敵と見なす日独伊の同盟構想の意味する危険はあまりにも大きい。アメリカをよく知る山本五十六を筆頭に、海軍は陸軍の希望する方向に大反対を唱えた。しかし日本は海軍の意向を無視して、三国同盟締結に舵を切ったのである。第二次世界大戦の勃発はもはや抗しきれない趨勢であった。

リットン調査団のハインリヒ・シュネー

リットン調査団の報告書が国際連盟に提出された後、日本は国際連盟を脱退して、世界史は日独伊三国同盟を機に、第二次世界大戦に抗しがたく流れ始めたことは周知の事柄としよう。しかしますます緊密の度合いを深める日本とドイツの関係の中で、本書にとってとりわけ縁の深い一人の人物に焦点を当ててみたい。リットン調査団に参加しているドイツ人、ハインリヒ・シュネー博士である。

シュネーは一九一二―一九一九年の間、ドイツ東アフリカ総督を務めた人物である。本書の歴史は実質、この土地を起点に始まった。「土地なき民」として遅れて植民地獲得競争に登場した後発帝国主義国ドイツの東アフリカ植民地支配とマジマジ反乱が本書の見てきたドイツの実質的出発点であったとは言え、シュネーが歴史に登場するのはマジマジ戦争の東アフリカ植民地ではない。マジマジ戦争を終息させた東アフリカ植民地にドイツが送り込んだラーテナウとデルンベルクの努力が功を奏して落ち着きを取り戻した東アフリカ植民地である。しかしシュネーには、難題の連続であった。早速、第一次世界大戦の勃発である。国際情勢のなかで、ドイツの置かれた地位はあまりに脆弱である。ドイツという国は、ヨーロッパの本国も海外植民地も、四方八方を敵に囲まれた、文字通り四面楚歌の国である。

ドイツの端正な教育を受けた公務員として海外植民地で仕事をしてきた経験豊かな植民地公務員シュネーにとって戦争の勃発が何を意味しているかは歴然としていた。公務員の感覚にとってこの戦争はドイツにいかなる勝ち目もない戦争である。

しかし第一次世界大戦の時代のドイツ東アフリカ植民地の置かれた軍事的意味合いは極めて重大であった。タンザニアという土地がいかにドイツから遠く離れ、しかもその間に大英帝国の海上権力に支配され尽くしたにしても、ドイツ東アフリカ軍は限られた戦力で果敢に戦い続けた。その典型的なパルチザン戦、特にレットウ＝フォールベク大佐に率いられたドイツ東アフリカ軍の戦いは戦後長く語り繋がれる奮闘振りを示した。

しかしシュネー総督は、レットウ＝フォールベク大佐の引き立て役を演じるためにアフリカにいるのではない。シュネーは、武人の技量とは本質的に異なる技量で際立っていた。タンザニア総督に要求される主要任務は、アフリカ大陸におけるヴィルヘルム二世のジハード戦術に広範なプロパガンダを展開することである。ヴィルヘルム二世の世界政策は、大英帝国に対抗できるドイツを陽の当たる場所に置くことである。そのためにドイツはアラビア民族の友であると宣言したのだった。

ドイツのジハード戦略を練り上げたのはオッペンハイムであった。オッペンハイムの構想がアラビア半島とアフリカ大陸のイスラーム教徒を反大英帝国の一大闘争に結集することを目指している以上、ドイツ東アフリカの持つ意味は重大とならざるをえない。ドイツ東アフリカ総督府は、ザンジバルの首都ダルエスサラームに陣取り、植民地帝国主義国の支配するアフリカ大陸の中で、親イスラーム的国家としてのドイツの考え方を、他のキリスト教植民地主義国家に対して強力な自己主張として展開しなければならないのである。しかもドイツ東アフリカ総督シュネーの発する総督府命令は、イスラーム圏のカイロやダマスクスばかりでなく、この時代のシオニズムの隆盛と共に、パレスチナなどにも甚大な影響を及ぼすものとして、即座に慎重な分析対象とされたのである。

確かにドイツは、第一次世界大戦の結果、植民地のすべてを失った。しかしドイツには依然として他のヨーロッパ植民地主義国に対して言うべきことをもつ人々が多くいた。そして、国際社会に対してドイツの植民地修正主義の立場を立論することに関しては他に追随を許さないのがこのハインリヒ・シュネーであった。そのようなシュネーが第一次世界大戦後にも植民地修正主義の強力な論客として国際社会に健在ぶりを発揮し、いま、リットン調査団の委員として国際連盟を代表しているのである。

シュネーは、ワイマール共和国の右翼リベラルな位置取りの政党、ドイツ民族党の植民地政策のスポークスマンとして、アフリカの植民地事情についての一家言ある植民地修正主義の論客として国際的に尊重されていた。その著作『植民地の過失にまつわる嘘言』は英語、フランス語、スペイン語、イタリア語に翻訳され、一九四〇年時点で十二版、五万部を売り上げ、そのような成功を収めた類書は他にはないという。満州を見て回るリットン調査団に対しては各地で歓迎式典が開かれたが、シュネーの『「満州国」見聞記』によると、張学良がシュネーの著作『植民地の過失にまつわる虚言』から引用して「嘘やデマは真理と正義に対抗して、長時間存続することはできないし、文化的で勤勉かつ平和を愛する民族の存在ならびに発展の権利を阻害することもできない」と日本の非を訴えたことが窺える。

シュネーの見た満州はまだ、原野といってよい風景が広がっている。前にポーランドの曠野に大豆を栽培してドイツの食料事情に貢献しようというIGファルベンのアイディアにふれたが、満州の曠野でも大豆の可能性が広がっていた。日本の実業家・鮎川義介はこの土地に大豆を栽培してドイツに売り込もうと考えた。そのためにはまずドイツの優秀な耕作機械を導入する必要があり、そこから満州の実業界にはやたらとドイツ語の上手な実業家が多く登場することを目敏いシュネーは見逃さなかった。

ジーメンス工場の日本視察団

実際、満州にはドイツの存在が強く感じられる理由があった。この頃のベルリン・ジーメンスに興味深い記録がある。一九三五年五月、ドイツ外務省からジーメンスのベルリン本社に、日本からジーメンス工場の視察依頼が来ている旨が伝えられた。日本は他の工業諸国に比べ、労働力が安価であり、また将来有望な東アジアの市場も近い。その日本が満州国建国を果たした今、強電流、及び弱電など電気工学の分野での研究開発を急ぎ、諸外国への依存を脱すべき時期が到来している。ついては電気工学の模範的企業であるジーメンス工場を仔細に視察することを許されたいというのである。

ジーメンスの首脳陣は困惑した。しかし結局、ジーメンスは視察を受け入れた。日本から派遣された視察団を丁重に応対することは外務省からの要望でもあった。ジーメンスは視察を許したばかりでなく、通常、来客には見せない部門に至るまで、徹底的に見せつけた。二週間、ジーメンス工場を綿密に見て歩いた日本の視察団は、改めてジーメンス首脳陣と会見し、帰国後直ちに政府計画の中止を進言すると結果を伝えた。理由は、彼らがジーメンス工場で見たかくも高い技術水準、労働者の規律と良心性は、この極東の祖国が最近の急速な技術的進歩を見せているとはいえども、なおしばらくは到達不可能であろうからというのである。

ナチス時代のジーメンスの技術水準と工場管理がいかに群を抜いていたかを示すエピソードである。ドイツの産業界のすべてがヒトラーを必要としていたわけではない。ジーメンスのような国際競争力を備えた電気器械企業には破産の危機など一度として切迫したことはなかった。ワイマール共和国時代のジーメンスはドイツの科学の最高水準の研究を実際に応用することに力を注いでいた。現代の電気工学は高度な科学水準なしには考えられない。国際的に競争し合う各国の企業の間には相互の特許協定があり、特許技術の所有はパテント収入に直結していた。したがってヒトラーの反ユダヤ主義など、ジーメンスには迷惑この上ないのである。ドイツにはユダヤ人差別があるなどと風評が立てば、大消費国のアメリカではすぐにドイツ製品ボイコット運動が広がる被害に直結していたからである。しかも一九三三年、ナチズムが政権を獲得するや、優秀なユダヤ人科学者がドイツを離れ始めた。五月、事態を憂いたカイザー・ヴィルヘルム研究所は所長のマックス・プランクをヒトラーのもとに送り、再考を促した。それに対してヒトラーはいつも通り激昂して机を叩いてこう答えたという。

「ドイツに一度くらい、一世代にわたって指導的な物理学者がいなくなったからといって何を騒ぎ立てることがある。ドイツ民族の純血の方がわたしには重要なのだ」

ヒトラーの反ユダヤ主義はともかくとして、この日本から来たジーメンス視察団の一件から推測できるのは、日本政府の商工省の意向が働いていることである。日本の商工省にはずば抜けて優秀な経済官僚が君臨し、仕切っていたのは間違いない。この経済革新官僚、名を岸信介という。

岸信介

岸信介が長州の生んだ数多くの秀才の一人であることは改めて言うまでもない。この秀才が少し常軌を逸しているところがあったとすれば、「海の薩、陸の長」と呼ばれる陸軍と長州との深い結びつきにもかかわらず、陸大に行かず、一高・東大法学部を通過したのはともかくとしても、将来を嘱望される秀才の集まる大蔵省や内務省を避けて、むしろ地味な感じのする農商務省に入ったことであった。この青年、すでに将来は首相となろうと決めており、これからの国を決めるのは経済と商業であること、これからの世界で国家運営を担うつもりの人間は経済と商業に精通していなければならないと考えていたからに違いないと推測されるのも、この通称「昭和の妖怪」と呼ばれる政治家らしいことである。この妖怪、最初から別格の王道教育を受けていた。将来を約束した女性と幸福な同棲生活を送っていた。同棲といっても、神田川のほとりで、風呂桶に石鹸をカタコトならして銭湯に通う貧乏暮らしではなく、日々、東京の有名なカフェに出入りして、洋菓子とコーヒーを日課とするお洒落な生活である。妖怪の幼虫にふさわしい栄養満点、甘味満点の高校生活であった。

一九二五年に商工省に入省した岸信介にたちまちその本領を発揮する機会が訪れた。新世界アメリカの一九二五年は、フィラデルフィアで革命一五〇周年記念の万国博覧会が開催された。フィラデルフィアはアメリカ独立革命の聖地である。そこで開催される万国博覧会の外国館日本部を取り仕切る事務官として岸信介が選ばれたのである。フィラデルフィアを訪れたなら、まず独立記念館の独立の鐘に詣でるのが定番である。が、鐘楼を訪れ、自由と平等というアメリカ合衆国の理念の下、出身地の異なる世界から集まった人民による人民のための人民の政治の理想を堪能し、続いて展覧会の事務手続き業務をそつなくこなして帰国したというだけであれば、特に特異な才能を云々することもない。この若手経済官僚が日本の商工省のホープとして注目を集めるのは、この官僚が、アメリカは日本の将来にとって有効な比較要素を提供する国ではないことを即座に見抜いたことであった。この頃、日本の鉄鋼産業は年間百万トンの生産を目指して四苦八苦していた。一方アメリカは毎月五百万トンの鉄鋼を生産していた。日本の道路には自動車の姿はまだチラホラと走るだけである。しかしアメリカの草原には誰が乗り捨てるのか、まだまだ動けそうな中古車が無数に打ち捨てられていたのである。岸信介は、ほとんど不快な腹立たしさを伴って、アメリカは比較にならないという認識に到達する。比較しても仕方のないものを比較するのは、無駄というものである。無駄な暇つぶしはやらない。そこがこの経済官僚の基礎にある経済観念である。

アメリカ合衆国を比較参照することを放棄した岸信介はヨーロッパの視察を行った。比較すべき別種の新世界が開けたのはドイツである。ドイツは、第一次世界大戦の敗戦国でありながら、軍事的にも産業的にも目覚ましい復興を遂げている真っ最中であった。一九二六年、岸信介が入ったドイツがどうであったかを思い出してほしい。第一次世界戦争に敗れ、植民地を失い、最小限に抑えられた物資という条件の前で、ドイツ産業界が合理化の限りを尽くしているドイツである。石炭・鉄鋼業界のヴェスタクへの再編、化学薬品業界のＩＧファルベンへの編成など、当時のドイツの企業合理化を本書はできるだけ詳しく見てきた。そしてそれはＡＥＤとジーメンスという二つの巨大電気産業を双頭の鷲よろしくベルリンを現代の先端工業都市へと押し上げてゆく年月である。日本と同様に資源に恵まれないドイツが、発達した技術と経営の科学的管理によって経済の発展を図ろうとしているさなかのその努力を自分の目で見た岸信介は、これこそ日本の行く道であると確信するのである。わたしたちが総力戦体制として見てきたドイツの経済産業界の現状を見習って、日本の将来に活用するのが岸信介である。岸信介は帰国後ドイツの産業合理化運動について報告書を提出し、一九二九年（昭和四年）再度、ドイツに出張を命じられる。すでに岸信介は、ドイツをモデルとする国民経済の立て直しのスペシャリストというべき地位に着いているのである。時代はウオール街の株価暴落に始まる世界不況の始まる時代、ドイツではナチ党が政権獲得に急接近する時代である。

岸信介は、日本の経済関連の省庁の中で国務院高官を皮切りに、一九三五年四月には商工省工務局長を務めていた。一九三六年には満州国国務院実業部総務司長に昇進して、革新官僚の切り札として「日本の生命線」満州に渡る。

満州に岸信介が登場したのは、まさに世界が世界大恐慌を経て、ヨーロッパ諸国のファシズム化を経て、急激にきな臭くなる時代である。日本は二・二六事件を迎えていた。岸信介は北一輝を尊崇していたが、その北一輝が上海で書いた『日本国家改造法案大綱』（一九二三年）を徹夜で書き写したというから相当な熱の入れようである。

しかし岸信介の産業立国論は見てきたように、ドイツの総力戦体制から学び取っているものである。日本の満州事変がますます本格的な戦争状態に移行すればするほど、高度に機能する統制経済の構造である。岸信介が持論としている国家統制論を背景にした産業開発計画は、高度国家防衛論に通じる。実際、支那事変から太平洋戦争へと拡大すると、岸信介は軍需産業の要として辣腕を振るうことになる。一九四一年という年は本書の見てきた世界史の中でも独特な事件の併発した年であるが、この年、日本では東條英機内閣が誕生した。このとき岸信介は商工省大臣となるのであるが、その大臣職は国が戦争を始めれば文字通り軍備調達を一手に担う要職である。それだけにこの大臣職は首相の東條英機が自ら兼担することになり、岸信介はいわば弾き出されてしまう形になる。しかしそれは岸にはかえってラッキーなことであった。結果、岸信介は戦後の東京裁判で極刑を回避したのである。

東條英機の推し進めた対米戦争は日本を悲嘆の縁に追い込んだ。それは「最終戦争」（石原莞爾）になる筈の戦争であった。その最終戦争がいかなる総力戦として展開し、いかなる犠牲を強い、いかなる消耗戦となったのか。二十世紀の科学の総力を結集した国家総力戦は行き着く地点に辿り着いたのである。誤解を恐れずに言えば、広島・長崎、沖縄、東京大空襲、その他その他と、無数の惨事と言うべき戦渦を個々に数え上げることは総力戦の定義に即してはあまり意味はない。兵士と一般市民との区別を無くし、老若男女、草木に至るまで国力の全てを消耗し尽くす総力戦は、軍事的に重要な人々や施設だけを攻撃目標として狙うのではない。ごくふつうの一般の人々の心底に残る戦意を徹底的に砕くことに一番の戦略目標が置かれる戦争である。第二次世界大戦は日本のすべての老若男女にとって最終戦争であった。戦争は二度としたくない、「三度許すまじ原爆を」と宗教的悟りにも近い観念で戦争の不可を悟った戦争であった。

一杯のコーヒー

ユーラシア大陸の西の果てで書き起こしたコーヒーと総力戦の世界史であるが、大陸の東の果てで閉じるべき時が来たようである。最後の旅はもう少しリットン調査団のシュネーと同行したい。

シュネーは日本旅行を楽しみにしてきた。前に、ルーデンドルフの『総力戦』には日本の日露戦争が大きな影を落としていると触れたが、シュネーは、満州が日露戦争で失われた十万の英霊の代償を支払って獲得された土地であることを知っていた。さらに楽しみにしていたのは、かつてメッケルに教えられた弟子たちの末裔が作った国を自分の目で見られることであった。ドイツ語で「ツシマ」と呼び慣わされて有名になった海峡を自分の目で見られるのだ。シュネーは文筆家としての筆も立ったので、日本（満州）旅行記を書くのも気がそそられる。

シュネーたちリットン調査団は日本の植民地で最も美しい都市、アカシアの大連を通過している。この町からはさほど遠くない西の方角に、あの近代総力戦の祖型となった無数の塹壕を掘り固めた標高二〇三メートルの小高い丘陵二〇三高地が見える。この町の生んだ詩人の一人が清岡卓行である。

清岡が高校生となって東京第一高等学校駒場寮の寮生活を送った時には、先輩岸信介が「洋菓子とコーヒーを日課とする」ようなお洒落な生活は待っていなかった。時代はすでに一九四三年。ドイツのルーデンドルフ以降のドイツに蔓延した総力戦思想は即座に日本に迎え入れられ、総動員の思想は日本社会の隅々まで虱の這い出る場所も無いほど覆っていた。清岡卓行たちが仲間内で「根こそぎ動員」と呼ぶ総動員法が十七歳までのすべての青年男子を動員に掛けていた。そんな折り、一高駒場寮の寮新聞『向陵時報』（第百五十一号・昭和十八年五月）に文章を書くよう依頼された清岡卓行が書いた文章が警視庁特高の検閲にひっかかった。「反戦的個人主義的思想」がけしからぬという理由である。問題となった箇所は二つあった。一つは、

「われわれは今祖国の異常なる危機を前にして何者かが迫り来るのを覚えるのであります。こ

れはまた無力と矛盾の満ちた人間の何といふ悲しい表情でせうか。国家に全てを捧げるにしても一国家の立場はつひに世界に対するエゴイズムに他ならない」という言葉であった。もう一つ、とりわけ特高を怒らせたのは、「かつてドストエフスキーが窮迫のどん底に呻吟した時『俺に今一杯のコーヒーが飲めたら世界はどうなつても構はぬ』と絶叫した爽快なる響きを懐かしく思い出すものであります」という言葉であった。

念のために言い添えれば、清岡卓行はドストエフスキーの『地下室の手記』から、「紅茶」をコーヒーに替えて引用している。アカシアと社交の街大連と違って、昭和十八年頃の東京には、紅茶や日本茶はまだしも、コーヒーは、少なくとも本物のコーヒーは、消えてなくなっていたという事情による。特高が怒ったのはとりわけコーヒーの箇所であった。国家のエゴイズムに個人のエゴイズムを対置する発想が特高には気に入らないのである。ペテルブルクの青年の言っていることを確認しておこう。

「俺が本当に望んでいるのは、別のことだからだ。何だと思う？ ――お前たちなんか、皆、破滅しちまえばいい。そういうことなのさ、そういうことなんだ！ 俺が必要としているのは、平穏無事というものだ。自分さえ無事でいられるなら、今すぐにでも全世界を一コペイカで売り飛ばしてやる。世界が破滅するか、それとも俺が一杯の茶を飲めなくなるか？ というなら、はっきり言っておくが、自分がいつでも好きな時に茶が飲めるためなら、俺は全世界が破滅したって一向にかまわないのさ。こういうことを君は知っていたかね？ 俺は自分がろくでなしの悪党で、エゴイストなうえに、怠け者だってことぐらい、ちゃんと知っているんだ。」（ドストエフス

キー『地下室の手記』安岡治子訳　光文社古典新訳文庫）

国家が行政と警察、軍隊機構の総力を挙げて文字通り総力戦争を遂行する時代に個人のエゴイズムを標榜することは、即座に国家反逆罪を思わせかねない。国家の干渉を厭う個人のエゴイズムはどれほど些細なものであろうと非国家的《アナーキー》な発想であることは疑いない。アナーキーな個人が集まれば、そこに誕生するのはアナーキズムの危険集団である。時代は日本の生んだ希代のアナーキスト大杉栄が憲兵隊に虐殺された時代に直接続く時代から少しも隔たっていない。無論、清岡卓行が虐殺されたわけではない。清岡卓行はある意味、優れた処世術を有し、特高が怒っていると聞いただけで震え上がる臆病者ながら、しかし言うべきことはきちんと言葉にしているのである。そうでなければ詩人の名に値しないであろう。

しかし今、大杉栄の名前が出たことで、本書が触れずに終わらせるわけにはいかない話題の糸口に辿り着いたのである。大杉栄の著名な文章に『奴隷根性論』がある。『奴隷根性論』が本書にとって気になる論文である所以は、そこで大杉栄が多く集めて説得的に提示する奴隷根性の例が大半、アフリカのカーフィル、つまり本書がコーヒーの語源を求めた土地カッファに住む民族から採られており、大杉栄によると、奴隷根性が最も厳格に施行されているのがアフリカ大陸のカーフィルだと言うのである。（大杉栄は「カフィール」と表記するが、本書ではアラビア語に照らして「カーフィル」で統一する。）

大杉栄と現代の奴隷制

大杉栄によれば、人類社会は、いつどこを見ても、主人と奴隷の二種類に分けられるような人間でしか構成されておらず、主人と見なした人々に対して「わたしはあなたの奴隷でございます」とばかりに手もみしながら接することしかできない人々と、他方に、なにかにつけて主人面をして辺りを睥睨《へいげい》していないと気が済まない男、ないし最近はそんな女も多くなったが、そんな二種類に別れ、建前は自由と平等を謳い上げる市民社会もその実、利益至上主義に立った企業主と賃金奴隷の集まりでしかない。大杉栄はそんな奴隷根性の原郷がアフリカの「カーフィル」だと言うのである。

カーフィルの奴隷根性はこんな具合である。自分に活殺自在の権利を有する相手、例えば酋長に出逢うとまず「私はあなた様の犬でございます」と言う。言葉でばかりでなく身振りもできるかぎり犬のまねをして犬になりきって、例えば、自分の着物を脱ぎ捨てて、土下座して地に伏し、四つん這いになって土埃を被る。自分が上位に立つと見れば、下位にあると見なした相手に同じ事を要求する。相手が土下座をしたり四つん這いになって体や手足を土に塗りつけて自分に何かを嘆願するのを見て快感を覚えるらしい人々が大勢いる。

こうした奴隷根性は、大杉栄の忌み嫌う軍隊にも見られる。石原莞爾の『最終戦争論』によれば、軍隊の指揮官が刀をかざして部下に「気を付け」の声を発するのは、「言うことを聞かないと斬るぞ」というおどしである。親愛なる部下を刀で脅かす仕草はどう見ても優れて日本的とは思えず、石原莞爾によれば、長く続いた西洋の傭兵時代の遺制を日本が無批判に取り入れている結果である。敬礼の際「頭右《かしらみぎ》」と号令をかけ指揮官が刀を前に投げ出すのは、武器を投げ捨てる動作で「貴方にはかないません」という意味を表現するという。大杉栄に言わせれば、典型的な奴隷根性の表現ということになろう。

　主人に喜ばれることだけが大事で、主人の言うことに盲従し、主人を崇拝する。これが社会組織の暴力と恐怖の上に築かれた、原始時代から近代にいたるまでの、ほとんど唯一の「道徳律」なのである。これが、上からの命令を実行することだけに全身全霊を打ち込むという「悪の陳腐さ」（ハンナ・アーレント）に支えられたナチズムの体制を支えた道徳であったと言うならば、その同列にはルドルフ・ヘスたち、無数のナチ党員も揃えなければならないだろう。ヘスもまた、上からの命令に従順に従って死体製造の労働業務に刻苦精励しただけなのである。そのどこが「人道に反する罪」に問われなければならないのか、自分で考えることを止めてしまったカーフィル式の奴隷根性に染まった人間には罪の所在も曖昧なまま、死刑に処されることになるのである。

　上意下達の意思伝達を最重要視する軍隊的組織は会社組織一般に適用され、大杉栄の言う奴隷根性とその気風が社会全般に伝播していく。表面的には自由と平等を謳歌しているかに見える一般社会にも強者と弱者の区別は歴然としている。「上を喜ばせる」ことだけに神経を集中し、自分を強い者の側に置き、自分よりも弱い者を徹底的にいたぶる奴隷根性が国家や社会に広く居座っている。挙げ句、社会は「互いの監視し合う監獄」（大杉栄）となってしまう。

奴隷制の世界史的起源には、征服者と被征服者の関係がある。征服者（主人）は奴隷に対して生殺与奪の権を持っている。征服された側は斬り殺されるか、焼き殺されるか、あるいはまた食い殺されるか。奴隷にはなんらの権利のあろうはずもない。いずれにせよ必ずその身を失うはずの捕虜が、生命だけは助けられて苦役につかせられる。奴隷は常に駄獣や家畜のように取り扱われる。仕事のできる間は食わしてもおくが、病気か事故で体を壊しでもすれば、容赦なく捨てられる。少しでも主人の気に障れば、すぐさま殺されてしまう。これが原始時代における奴隷の起源のもっとも重要なるものとされる。

かつては敵を捕らえればすぐさまその肉を食らった未開人も、後にはこれをしばらく生かしておいて、残酷な娯楽を楽しんでいたのだが、農業の発達はこの快楽を奪ってしまった。征服された捕虜は駄獣として農業の苦役に使われた。

奴隷制は神話的過去に沈み込んで忘れられた過去ではない。コーヒーと総力戦を通して見た近代史にも至る所、奴隷制の痕跡があった。本書はまずザンジの乱で始まった。これらイスラーム世界の黒人奴隷の供給源が東アフリカのザンジバルを集積地とする東アフリカのカッファ、ないしカーフィルの土地のバントゥー族の土地だった。大西洋を横断する黒人奴隷が西洋近代の資本主義の「本源的蓄積」を成し遂げたというのはマルクス（『資本論』）であるが、それはヨーロッパ近代の資本主義社会という壮大な建造物の立つ地中深くに黒人奴隷という霊を鎮めた儀式の痕跡が隠れているというのではない。マルクスが言いたかったことは、むしろ近代的な賃労働のなかに奴隷制が埋まり隠されていることなのである。コーヒーを「ニグロの汗」と呼ぶドイツ語は例えばハインリヒ・ベルのような文学者を激怒させたが、それがコーヒーが出現して以来の近代史全体に浸透する黒い液体に太古的な黒人奴隷制を見ている限りにおいては、語源学者カンペが言ったような意味で、一つ一つの言葉は悲惨な現実を忘れずに、しっかりと覚えている一例なのである。

カーフィル化する世界

第四章でドイツ東アフリカ植民地で入植白人のカーフィル化の恐れについて論じた。コーヒー文明の歴史はその根底においてカーフィルの土壌が残っており、この文化史は絶えずカーフィル化の過程を辿っているとさえ見えたのである。挙げ句は国際社会の中の国家すらも平然と、一方に支配的国家、他方にそれに隷属・奉仕するだけの奴隷国家に振り分けられている。

コーヒー文明はカーフィル化の歴史なのであろうか。それが、本書を書くに当たって、コーヒーという言葉の起源をカーフィルに求めて以来、拭いきれない疑念であった。コーヒーとカフェという人間と社会に多大な影響を与えた制度の歴史はその発端から奴隷制度に深く関連している。コーヒーの生産とカフェ制度の充実は社会の奥深くに張り巡らされた奴隷根性に支えられているのではあるまいか。

　コーヒーが世界中で生産され、飲まれるようになって世情には華麗なコーヒー・カフェ文化が展開したこの間、背後の薄暗がりではびこったのは人類社会のカーフィル化ではなかろうか。アフリカのカーフィルでは貧乏が奴隷と同語義であったが、貧困はコーヒー文化の展開に絶えず随伴する現象であった。コーヒー農家の貧困やコーヒー生産国の貧困も改めて指摘するまでもないほど歴然とした事実になってしまった。貧困は仮借無く人々を襲う。今日のネットカフェの難民もカーフィル化の一大現象であるまいか。

　カーフィル族の部落においては貧乏という言葉と奴隷とが同じ意味に使われ、アフリカのダホメー王国は、奴隷を文字通りの商品として国家経済を成り立たせる「異常な」社会であったが、カール・ポランニーの詳述を俟つまでもなく、奴隷取引を社会基盤に据える社会もありうる。奴隷狩り組織と化した国家の下で人間の売買が最も有効な商品取引となる社会もあるのである。奴隷も貧乏も商売のネタになって不思議はない。そもそもコーヒー生産国を締め付ける国際的金融制度が貧困ビジネスと化している。アフリカ大陸の貧困は宿命的に決定されたものなのか。ネットカフェ難民ばかりでなく、大陸間関係においても、今日、無数の奴隷的弱者をいたぶる貧困ビジネスは隆盛を極めている。現代のコーヒー生産では「作られた貧困」が問題となる。こうした傾向をカーフィル化現象と呼ぶとすれば、コーヒー文明にはその起源からカーフィル化する母斑が染みついているのであろうか。

　グローバリゼーションの進行が、世界的に再びかつての太古の奴隷制を思わせる耐えがたい不自由さに苦しむ人々を生み出し、隷属民とでもいうべき不自由人の数は、人権の抑圧を伴いつつ、まるで新種の流行病にように蔓延し始めているという。奴隷制や農奴制と戦った啓蒙主義の成果であるためなのか、あるいはそれを可能にしたヨーロッパのキリスト教政治神学の特殊性であるためなのか、世界史を極めて大局的に眺めれば、奴隷制の存在しない時代と場所は、ヨーロッパ近代という、「歴史の全般を染め上げる奴隷制の大海に浮かぶほんの小さな小島」（エーゴン・フライク）に過ぎないようなのである。

「俺に今一杯のコーヒーが飲めたら世界はどうなつても構はぬ」と書いた高校生は一年もしないうちに、大学生になっている。しかしこの一年は尋常な一年ではなかった。昭和十八年十月には神宮球場であの歴史に名高い雨中の学徒出陣壮行会があり、その翌年には東京の空襲が始まり、昭和二十年三月十日の江東地区を中心にした東京大空襲へと続く。それから半年もしないうちに物理科学の粋を極めた総力戦の最終的成果は立て続けに広島や長崎の上空に炸裂する筈である。「根こそぎ動員」は文字通り虱潰しの様相を呈し、不当にもいつの世にも不要不急の人材の代名詞のように言われる文学部の大学生たる清岡卓行にはいつ召集令状が来ても不思議はない。清岡はこの時期、人生最後に故郷大連を見ておきたいと考え、下関から対馬海峡を渡る連絡船に乗り込む。狭い船室に閉じ込められて、灯火管制が敷かれて船室の窓という窓は密閉され、蒸し風呂のような船室にパンツ一枚で汗でびしょ濡れになって横たわる清岡はすでに一個の商品、黒い象牙となっているのである。清岡は書いている。

その昔、アフリカの奴隷海岸から出発した、移動する監獄のような船の中で、黒人たちはきっと、今のおれが嘗めている苦痛よりも遙かに恐ろしいものを体験したにちがいないなどと想像し、さらには、象牙海岸とか、穀物海岸とかいった言葉を連想して、時間をつぶしたりしていたものだ。

（清岡卓行『アカシアの大連』）

本書はアラビアの謎めいた奴隷反乱ザンジの乱を起点に、ドイツ・プロイセンの「土地なき民」と行を共にしてアフリカ大陸を大きく迂回してユーラシア大陸を東に向かってきた。残念ながら生産力のすべてをあげて総力戦を戦う国家の律するところ、至るところでカーフィル化する人々にあふれ返っていた。国家総動員法を敷く日本で、自己を黒人奴隷になぞらえる清岡の連想は至極真っ当なものであろう。コーヒーと総力戦の進捗する世界でカーフィルは普遍的存在になっているようである。

コーヒーの理念

コーヒーと奴隷制との深い縁が明らかになったところで、最後にもう一度強調したいのは、コーヒーの語源である。

本書がカーフィルという奴隷を意味する言葉にコーヒーの語源を求めたのはある特別な私的な

愛着があったからである。カーフィルというアラビア語はＫＦＲという三語根から成り立ち、直接意味するのは「土をかけて隠す」であるという。そのためにこの語は畝に蒔いた種に土を掛けて隠す貧しい（＝奴隷の）農民を表す語としてオランダ語やドイツ語に入ったのである。しかしアラビア語の「土をかけて隠す」「土中に埋葬する」「埋葬する」などには、単に貧しい奴隷とは別次元の観念を付随させている。「土中に埋める、埋葬する」という語は、人間とは「埋葬する動物」（ヴィーコ）であるという古典的定義を思わせずにはおかない。とりわけハッラージュ的スーフィズムの伝統においては、人とは「死して成る」存在である。「隠す」という言葉にも、隠されたもの＝真理の観念が働く。真理は隠されてあるという意識は真理探究の大前提である。エチオピアの奥地の非イスラーム教徒圏から搬入されたコーヒー豆から抽出した液体が、カーフィルという言葉と観念を覚えていたために、コーヒーの覚醒作用は、「隠された真理を明かす」という反対の意味を醸成したのである。日頃隠された真理を明るみに引き出すことに精魂を傾け、勉学に励み、瞑想に耽ることは、この世が常にいつも変わらぬと思い込ませる永遠の幻像への奴隷的隷属に異議を申し立てることを可能にする。スーフィズムの太古から、そのようなコーヒーの覚醒作用に身を委ね、自らを解放することが「理念のカフワを享受する」ことであった。

最初から打ち明けてきたように、わたしはコーヒーを見るとアウシュヴィッツを思い出す妙な刷り込みを受けて育った子供であった。あれからもう優に半世紀は過ぎたはずであるが、大した変化はない。今でもコーヒーを楽しげに飲み交わす人々を見かけると大地に汗する奴隷を思い浮かべるのが残念であると告白してもよい。しかしアウシュヴィッツでコーヒーを飲む囚人たちを「回教徒《ムーゼルマン》」と呼ぶ言葉の使用法を介してイスラームの世界を迂回して得られた貴重な認識もあるように思える。いつも変わらぬ奴隷根性で動く社会の光景には飽き飽きした。こんな人の世とのお付き合いはほどほどにして控えておきたいものである。そんな風に考える折にはわたしも昔の高邁なスーフィーたちの精神に立ち戻って、「俺に今一杯のコーヒーが飲めたら」と思う瞬間がある。そのような思いに駆られて昔ながらの苦々しいカフワを口に含むと、世界の味わいは一変するのだ。

あとがき

随分前のことになるが、『コーヒーが廻り 世界史が廻る』という本（中公新書）を出して戴いて以来、アウシュヴィッツのコーヒーを取り囲む事情を中心にコーヒーという飲み物に焦点を合わせてドイツの姿を追えば、そこには近代ドイツの姿が反照されることになるだろうと考え、機会ある度に書き貯めていた。コーヒーを産出する植民地の獲得を目指して致命的な「新航路」に船出するヴィルヘルム二世のドイツと、公然とアンチ・ヴィルヘルム主義を掲げるベルリン〈カフェ・デス・ヴェステンス〉やミュンヒェン〈シュテファニー〉などのカフェ・ボヘミアンを並べれば、二つの中心の周辺には十九世紀末以降のドイツ文学を巡るいびつな楕円形の図柄が描かれるだろうと考えていたのである。

残念ながらことは予定通りには進まなかった。ドイツのコーヒーという話題をその発端から解き明かすとなると、そもそもドイツ語圏とイスラーム圏との深い縁が話題にならざるをえない。前著で詳細に触れた話題はなるべく繰り返さずに進めたが、本書で大幅に紙幅を費やすことになったのは、東アフリカ植民地の獲得に始まるドイツ、ヴィルヘルム二世のドイツである。結果、本書はユーラシア大陸を、アフリカ大陸に視野を広げながらバグダッドないし東京へと東漸するドイツを追うこととなり、それは必然的にヴィルヘルム二世の時代のパレスチナ、イスラエル問題に話を向けることになり、近年のイスラーム圏の事情から言及されることの多くなったイスラーム原理主義とヒトラー・ドイツの反ユダヤ主義の共闘関係にも触れることとなった。話題がアフリカ、アジアに延びれば、極東の日本も無関係には存在できない。満州建国を巡るリットン調査団には、ドイツ東アフリカ植民地で辣腕をふるったシュネー博士も登場するのである。

この本はわたし自身にとっては貴重この上ない書き物となってしまった。そしてそうした本に限って出版に苦労するのがこの世の常であることも経験している。そのような本を出版できることに関して感謝したいのは、渡辺京二先生である。細かな紆余曲折は省略するが、先生の『北一輝』が筑摩書房で文庫本化された折、「解説」を書くという大役を仰せつかって以来、熊本の先生のご自宅や熊本のカリガリやタイムレスといった素敵なカフェでお話しするうちに、わたしが、様々な機会にコーヒー絡みのドイツ史を書き散らしているらしいことを嗅ぎ取られ、一本にまとめる可能性を石風社の福元満治さんにご推奨いただいたのである。嬉しいことであった。が、なにぶんにもこれは、何よりも自分なりの、おそらく私的に過ぎる謎解きの楽しみに徹して書き続けた文章である。先生や石風社さんにご迷惑が及ばなければ良いがと願うばかりである。しかも本来、どこかで威勢よく踏ん切りをつけて反古とすべきであったかもしれない文章である。その束をいわば社会復帰させて、人前に出せる文章にするためには同社の中津千穂子さんには多大のご面倒をお掛けする結果となった。さぞかし疲れる面倒なお仕事をお願いすることになったことは、書いた本人が一番よくわかる。お詫びともども深く感謝したい。

「アウシュヴィッツのコーヒー」という子供心に謎めいた想念を追い求めた本書をそもそも妄想の産物であったとは思いたくないのであるが、少なくともある一点はわたしの妄想ではあった。わたしは遅くても五十歳前にはこの仕事にケリをつけていると考えていたのである。書き終えたときには、自分が七十を越えているとは予想もしていなかった。しかしそれも結構。フォスの『七十歳の誕生日』は、当時若いドイツ文学者であったわたしが、いわば幸福な市民社会を求めるアーリーモダンの代表的作品として論じていたものである。それが土地なき民ドイツの招き寄せた歴史の末に、カフカの恋人ミレナ・イェセンスカやブラジル共産党の指導者プレステスの妻（オルガ・ベナリオ・プレステス）の死んだラーフェンスブリュック強制収容所を経てようやく『アウシュヴィッツのコーヒー』が出来上がったのが、わたし自身、七十歳の誕生日を迎えようとしている日々になってしまったのも仕方ないことと思うのである。

そしてようやくこの「あとがき」を書き終え、遅ればせの「七十歳の誕生日」を祝うコーヒーでも飲むつもりでテーブルにつくと、テレビが連日、イギリスのEU離脱を伝えている。ドイツとヨーロッパの関係はまた新たな次元に向かって動き始めるようである。困惑を深めるヨーロッパ諸国の中で「ただ一人強き者」の役割を務めるドイツに「ゲルマニア帝国」という言葉を思い出してしまうのは、わたしの誇大妄想であろうか。いよいよドイツの本性が発揮されることになるのか。それとも、近代史という不愉快極まりない経験を果たして今にいたったドイツが、ヴィルヘルム二世や、ましてやヒトラーのドイツとはまったく違った新たなドイツに「大化け」した愛すべきバケモノが姿を現すのか。ドイツはますます面白い国になりそうだと言っては不謹慎であろうか。

六月下旬

臼井隆一郎

文献リスト　本書を書く上で参照した書物を章ごとに、著者名のアルファベット順に挙げる。

第一章　アラベスクな風景

Enzyklopädie des Islam. Leiden 1927.

Karam Khella: Arabische und islamische Philosophie und ihre Einfluß auf das europäische Denken.Theori und Praxis Verlag Hamburg. 2006.

Peter Priskil: Die Karamaten oder Was arabische Kaufleute und Handwerker schon vor über 1000 Jahren wußten: Religion muss nicht sein. 2. Auflage. Ahriman-Verlag 2010. Freiburg

Kamal Ramahi/Detlev Quinten: Qarmaten und Ihwan as-safa. Gerechtigkeitsbewegung unter den Abbasiden und die Universaistischen Gerechtstheorie. Theorie und Praxis Verlag Hamburg. 2006.

Friedrich Rückert. Orientalische Dichtung in der Übersetzung. Hrsg.von Annemarie Schimmel. Köln 1985.

ルーミー『ルーミー語録』（イスラーム古典叢書）　井筒俊彦訳・解説　岩波書店　１９７８年

Annemarie Schimmel: Mystische Dimensionen des Islam. Die Geschichte des Sufismus. Eugen Dietrichs Verlag 1985.

Annemarie Schimmel: Al-Halladsch – "O Leute, rettet mich vor Gott" Texte islamischer Mystik. Herder. Basel・Basel・Wien 1995.

Annemarie Schimmel: My Soul is a Women. The Feminine in Islam. Translated by Susan. H. Ray. The Contnuum Publishing Company 1997.

Annemarie Schimmel: Rumis World. The Life and Work of the Great Sufi Poet. Shambhala Boston & London. 2001.

Annemarie Schimmel: Auf den Spuren der Muslime. Mein Leben zwischen den Kulturen. Herder Spektrum Freiburg Basel Wien. 2002.

Annemarie Schimmel: Die Religion des Islam. Reclam Sachbuch. Philipp Reclam jun. GmbH & Co. KG, Stuttgart 11. Auflage. 2010.

第二章　医学と音楽と文学の国

Adam Olearius・Engelhart Kaempfer・Carsten Niebuhr- Heinrich Brugsch: Im Reich des Königs der Könige.

Berichte deutscher Reisenden aus dem 17. bis 19. Jahrhundert. 2. Auflage. Verlag der Nation, Berlin 1977.

第三章　土地なき民

Josef Kohler: Das Bantu-Recht. Zeitschft für dir Vergleichende Rechtswissenschaft. Stuugart 1901.
ハンス・グリム『土地なき民』　星野慎一訳　鱒書房　１９４０年
Josef Kohler: Zur Urgeschichte der Ehr, Totemsmus, Gruppenehe, Mutterecht. Separat-Abdruck aus der Zeitschaft für vergleichende Rechtswissenscaft. Verlag von Ferdinand Enke 1897. Stuttgart.
Helmut J. Schneider: Idyllen der Deutschen. Insel Verlag. Frankfurt am Main 1978.
https://en.wikipedia.org/wiki/Kaffir_(racial_term)
Peter Schmitt-Egner: Kolonialismus und Faschismus. Lollar bei Gießen 1975.
Jean Ziegler: Der Hass auf den Westen. Wie sich die aermen Völker gegen den wirtscgaftlichen Weltkrieg wehren. Aus dem Französischen übersetzt von Hainz Kober. 4. Auflage Wilhelm Goldmann Verlag München 2009.

第四章　黒い原点

ケビン・ベイルズ『グローバル経済と現代奴隷制』　大和田英子訳　凱風社　２００２年
Horst Gründer: >…da und dort ein junges Deuschland gründen< Rassismus, Kolonie und kolonialer Gedanke vom 16. bis 20. Jahrhundert. DTV München 1999.
カール・ポランニー『大転換』　野口建彦・栖原学訳　東洋経済新報社　２００９年
カール・ポランニー『経済と文明　ダホメの経済人類学的分析』　栗本慎一郎・端信行訳　ちくま学芸文庫　２００４年
Karl-Martin Seeberg: Der Maji-Maji-Krieg gegen die Deutsche Kolonialherrschaft. Historische Ursprünge nationaler Identität in Tansania Dietrich Reimer Verlag Berlin. 1989.
Kala Shairi: German East Africa in Swahili Poems. Rüdiger Köppe Verlag Köln 2002.
Rainer Tetzlaff: Koloniale Entwicklung und Ausbeutung. Wirtschafts- und Sozialgeschichte Deutsch — Ostafrika 1885-1914. Berlin 1967.
Uwe Timm: Deutsche Kolonien. Köln 1986.
Wilfried Westphal: Ein Weltreich für den Kaiser. Geschichte der deutschen Kolonien. Köln 1984.

第五章　総力戦

フリッツ・フィッシャー『世界強国への挑戦Ｉ　ドイツの挑戦、1914-1918』　村瀬興雄監訳　岩波書店　１９７２年
Lionel Gossman: The Passion of Max von Oppenheim. Archaeology and Intrigue in the middle East from Wilhelm to Hitler. Open Book Publishers
Stefan M. Kreuzer: Dschihad für den deutschen Kaiser. Max von Oppenheim und die Neuordnung des Orients (1914-1918) Ares Verlag Graz 2012.
Manfred Nebelin: Ludendorff. Diktator im Ersten Weltkrieg. Siedler Verlan München 2010.
Erich Ludendorff: Meine KriegsErinnerungen 1914-1918. Berlin 1921.
Erich Ludendorff: Der Totale Krieg. Theorie und Praxis 1943-1945. Dresden 2011.

第六章　二十世紀の三十年戦争

Ｊ・アマード『革命児プレステス』　神代修訳　弘文堂新光社　１９６７年
トーマス・ヘイガー『大気を変える錬金術』　渡海圭子訳　白川英樹解説　みすず書房　２０１０年
宮田親平『毒ガス開発の父ハーバー　愛国心に裏切られた科学者』　朝日選書　２００７年
Alfred Sohn=Rethel: Ökonomie und Klassenstruktur des deutsch Faschismus Aufzeichnungen und Analysen. Edition Suhrkamp. 3. Auflage Frankfurt am Main 1981.
Alexander Will: Kein Griff nach der Weltmacht. Geheime Dienste und Propaganda im deutsch-österreichisch-türkischen Bündnis 1914-1918. Böhlau Verlag Köln Weimar Wien 2012.
クルト・トゥホルスキー『ドイツ 世界に冠たるドイツ「黄金」の20年代・ワイマール文化の鏡像』野村彰訳　ありな書房　１９８２年

第七章　アウシュヴィッツのコーヒー

ジョルジョ・アガンベン『アウシュヴィッツの残りもの　アルシーヴと証人』上村忠男・廣石正和訳　月曜社　２００１年
ジョルジョ・アガンベン『ホモ・サケル　主権権力と剥き出しの生』　高桑和己訳・上村忠男解題　以文社　２００

3年
ハンナ・アーレント『イェルサレムのアイヒマン　悪の陳腐さについての報告』新装版　大久保和郎訳　みすず書房　２０１２年。
V. E. フランクル『夜と霧　ドイツ強制収容所の体験記録』　霜山徳爾訳　みすず書房　１９８４年
Louise Jaocbs, Café Heimat. Die Geschichte meiner Familie. Ullstein-Taschenbuch.2007.
Louise Jacobs: Fräulein Jacobs funktioniert nicht. Als ich auhörte, gut zu sein. Knauer München 2013.
Wieslaw Kielar: Anus Mundi. Fünf Jahre Auschwitz. Aus dem Polnischen von Wera Kapkajew. Fischer Taschen Buch Verlag. 1982.
Andreas Kilian: Standortwahl Auschwitz. Die Rolle des KL Auschwitz im Entscheidungsfindungsprozess der IG-Farben für die Standortsfrage des Buna-Werks IV. Grin Verlag 2002.
ロベール・メルル『死はわが職業』村松剛訳　角川文庫　１９６１年
プリーモ・レーヴィ『アウシュヴィッツは終わらない　あるイタリア人生存者の考察』　竹山博英訳　朝日選書　１９８０年
Sean McMeekin: Berlin-Bagdad Express. The Ottoman Empire and Germany's Bid for World Power 1898-1918. Penguin Books 2010.
Raul Holberg: DieVernichtung der europäischen Juden. Durchgesehene und erweiterte Ausgabe. 3. Bände Aus dem Amerikanischen von Christian Seeger, Harry Maor, Walle Bengs und Wilfried Szepan. Fischer Taschenbuch Verlag. Frankfurt am Main 1991.
Gershom Scholem: Der Name Gottes und dir Sprachtheorie der Kabbala. Sprachmystik. In: Judaica. 3 Studien zur jüdischen Mystik. 2. Auflage Suhrkamp Verlag, Franfurt am Main 1977.
Georg Siemens: Erziehendes Leben. Erfahrungen und Betrachtungen. Port Verlag Urach 1947.
Udo Walendy（Hrsg.）Auschwitz im IG-Farben-Prozeß Holocaustdokumente? Vlotho/Weser 1981.

第八章　極東の総力戦と一杯のコーヒー

阿部博行『石原莞爾　生涯とその時代』上下　法政大学出版局　２００５年
ジャン＝ピエール・ボリス『コーヒー、カカオ、コメ、綿花　コショーの暗黒物語　生産者を死に追いやるグローバル経済』　林昌弘宏訳　作品社　２００５年

フョードル・ドストエフスキー『地下室の手記』 安岡治子訳 光文社古典新訳文庫 ２００７年
原彬久『岸信介証言録』 毎日新聞社 ２００３年
Leonhard Harding: Geschichte Afrikas im 19. Und 20. Jahrhundert. Grundriss der Geschichte Band 27. 3. Auflage Odenbourg Verlag München 2013.
Jörn Leonhard, Rolf G. Renner: Koloniale Vergangenheit – (post-)imperiale Gegenwart. BWV・Berliner Wissenschafts-Verlag 2010.
『私の履歴書〈岸信介〉』 日本経済新聞社 第八巻 １９５８年
清岡卓行『アカシアの大連』 講談社 １９７０年
清岡卓行『詩礼伝家』 文芸春秋 １９７５年
纐纈厚『総力戦体制研究 日本陸軍の国家総動員構想』 社会評論社 ２０１０年
大杉栄『日本の名著46』 多田道太郎責任編集 中公バックス １９８４年
太田尚樹『満州裏史 甘粕正彦と岸信介が背負ったもの』 講談社 ２００５年
ハインリッヒ・シュネー『「満州国」見聞記 リットン調査団同行記』 金森誠也訳 講談社学術文庫 ２００２年
Christian W. Spang: Karl Haushofer und Japan: Die Rezeption seiner geopolitischen Theorien in der deutschen und japanischen Politik. Iudicum Verlag München 2013.

臼井隆一郎（うすい　りゅういちろう）

1946年福島県生まれ。東京教育大学大学院文学研究科修士課程修了。新潟大学教養部助教授を経て、東京大学大学院総合文化研究科教授。現在、東京大学名誉教授。専門は、文化学、ドイツ・ヨーロッパ文化論、言語情報文化論。

著書に『コーヒーが廻り 世界史が廻る――近代市民社会の黒い血液』（中公新書、1992）、『パンとワインを巡り神話が巡る――古代地中海文化の血と肉』（中公新書、1995）、『乾いた樹の言の葉――『シュレーバー回想録』の言語態』（鳥影社、1998）、『榎本武揚から世界史が見える』（PHP新書、2005）、『『苦海浄土』論』（藤原書店、2014）、編書に『バッハオーフェン論集成』（世界書院、1992）、翻訳にイバン・イリイチ著／デイヴィッド・ケイリー編『生きる希望――イバン・イリイチの遺言』（藤原書店、2006）等。他にバッハオーフェン及び母権論思想に関するドイツ語論文多数。

アウシュヴィッツのコーヒー
コーヒーが映す総力戦の世界

二〇一六年　十月　十日初版第一刷発行
二〇一六年十二月二五日初版第二刷発行

著　者　臼　井　隆　一　郎
発行者　福　元　満　治
発行所　石　風　社
福岡市中央区渡辺通二丁目三番二四号
電　話　〇九二（七一四）四八三八
ＦＡＸ　〇九二（七二五）三四四〇
印刷製本　シナノパブリッシングプレス

＊表示価格は本体価格。定価は本体価格プラス税です。

石牟礼道子

はにかみの国　石牟礼道子全詩集

＊芸術選奨文部科学大臣賞

石牟礼作品の底流に響く神話的世界が、詩という蒸留器で清冽に結露する。「詩を書いているなどといえばなにやら気恥ずかしい。心の生理が露わになるからだろうか。散文ではそうも思わないのが不思議である」（「あとがき」より）　【3刷】2500円

渡辺京二

細部にやどる夢　私と西洋文学

少年の日々、退屈極まりなかった世界文学の名作古典が、なぜ、今読めるのか。小説を読む至福と作法について明晰自在に語る評論集。〈目次〉世界文学再訪／トゥルゲーネフ今昔／『エイミー・フォスター』考／書物という宇宙他　1500円

阿部謹也

ヨーロッパを読む

「死者の社会史」、「笛吹き男は何故差別されたか」から「世間論」まで、ヨーロッパにおける近代の成立を鋭く解明しながら、世間的日常と近代的個に分裂して生きる日本知識人の問題に迫る、阿部史学の刺激的エッセンス　【3刷】3500円

浅川マキ

こんな風に過ぎて行くのなら

ディープにしみるアンダーグラウンド――。「夜が明けたら」「かもめ」で鮮烈にデビューを飾りながら、常に「反時代的」でありつづけた歌手。三十年の歳月を、時代を、気分を照らし出す、著者初めてのエッセイ集　【3刷】2000円

甲斐大策

生命《いのち》の風物語　シルクロードをめぐる12の短編

「読者はこの短編小説集に興奮する私をわかってくれるだろうか」（中上健次氏）。苛烈なアフガンの大地に生きる人々、生と死、神と人が灼熱に融和する世界を描き切る神話的短編小説　1800円

中村　哲

医者、用水路を拓く　アフガンの大地から世界の虚構に挑む

＊農村農業工学会著作賞受賞

養老孟司氏ほか絶讃。「百の診療所より一本の用水路を」。百年に一度といわれる大旱魃《かんばつ》と戦乱に見舞われたアフガニスタン農村の復興のため、全長二五・五キロに及ぶ灌漑用水路を建設する一日本人医師の苦闘と実践の記録　【4刷】1800円

＊読者の皆様へ　小社出版物が店頭にない場合は「地方・小出版流通センター扱」か「日販扱」とご指定の上最寄りの書店にご注文下さい。なお、お急ぎの場合は直接小社宛ご注文下されば、代金後払いにてご送本致します（送料は不要です）。

＊表示価格は本体価格。定価は本体価格プラス税です。

冨田江里子

フィリピンの小さな産院から

近代化の風潮と疲弊した伝統社会との板挟みの中で、多産と貧困に苦しむ途上国の人々。フィリピンの最貧困地区に助産院を開いて13年、一人の助産師の苦闘の日々を通して、人間本来の豊かさとは何かを問う奮闘記

【2刷】１８００円

ジェローム・グループマン
美沢惠子 訳

医者は現場でどう考えるか

「間違える医者」と「間違えぬ医者」の思考はどこが異なるのだろうか。臨床現場での具体例をあげながら医師の思考プロセスを探索する医療ルポルタージュ。診断エラーをいかに回避するか――患者と医者にとって喫緊の課題を、医師が追求する

【6刷】２８００円

小林澄夫

左官礼讃

左官専門誌の編集長が綴ったエッセイ集。左官という仕事への敬意から、土と水と風が織りなす土壁の美しさ、コンクリートに代表される殺伐たる現代文明への批判、そして潤いある文明へ向けての洞察まで、静謐な筆致で綴る

【8刷】２８００円

井上佳子

三池炭鉱「月の記憶」そして与論《よろん》を出た人びと

囚人労働に始まった三井三池炭鉱百年の歴史。与論から出てきた人びと、中国人、朝鮮人など、過酷な労働によって差別的に支配されながら、懸命に働き、泣き、笑い、強靭に生き抜いた人々を描くノンフィクション

【2刷】１８００円

農中茂徳

三池炭鉱　宮原社宅の少年

三池争議の吹き荒れた昭和三〇年代の大牟田――炭鉱社宅での日々を少年の眼を通して生き生きと描く。「自分史が、そのまますぐれて希少な地域史となり、三池争議をはさむ激動の社会史の側面をもっている」（東京学芸大学名誉教授　小林文人）

【2刷】１８００円

麻生徹男

上海より上海へ　兵站病院の産婦人科医

従軍慰安婦・第一級資料収集。兵站病院の軍医が、克明に記した日記を基に、「残務整理」と称して綴った回想録。看護婦、宣教師、ダンサー、芸人、慰安婦……戦争の光と闇に生きた女性たちを、ひとりの人間の目を通して刻む

【2刷】２５００円

＊読者の皆様へ　小社出版物が店頭にない場合は「地方・小出版流通センター扱」か「日販扱」とご指定の上最寄りの書店にご注文下さい。なお、お急ぎの場合は直接小社宛ご注文下されば、代金後払いにてご送本致します（送料は不要です）。